Bildnachweis:
Die Bilder des Textteils: Eva-Maria Schultz-Gerstein
Coverfoto: Eva-Maria Schultz-Gerstein
Kartenicon: © Stepmap GmbH, Berlin
Karte: © Cartomedia, Karlsruhe

Bibliografische Information der Deutschen Bibliothek:
Die Deutsche Bibliothek verzeichnet diese Publikation in der deutschen Nationalbibliografie. Detaillierte bibliografische Daten sind im Internet über http://dnb.ddb.de abrufbar.

www.traveldiary.de

Umschlagentwurf und Layout: Jürgen Bold, Jens Freyler
Satz: Jens Freyler
Druck: Standartu Spaustuve

ISBN 978-3-944365-00-8

Eva-Maria Schultz-Gerstein

Arabische Halbinsel

Um den Golf nach Sanaa

Vorwort

Als ich mich entschloss, meinen Traum einer Reise um die Arabische Halbinsel nach Sanaa zu verwirklichen, war mir nicht bewusst, dass aus meinen Erlebnissen ein Buch entstehen würde. Doch es gibt so viel Wissenswertes aus dieser Region zu berichten, so viele Eindrücke zu vermitteln und die Länder zwischen Persischem Golf und Arabischem Meer faszinieren immer mehr Besucher, dass ich letztlich diese Zeilen Schreiben musste.
Ob die Vereinigten Arabischen Emirate, Katar oder Bahrain, jedes Land hat seine Eigenheiten und Sehenswürdigkeiten. Auch die Bemühungen, mit der sie ihre Zeit nach der Verwertung von Öl und Gas planen und sichern, ohne in einer globalen Weltordnung ihre Identität aufgeben zu müssen, betrachte ich. Unweigerlich setzt man sich bei solch einer Reise auch mit dem Islam und der Geschichte der Arabischen Halbinsel auseinander, um die Menschen, ihr Handeln und ihre Gesellschaft besser zu verstehen.
Die Reise an Bord eines Schiffes bietet dabei die Möglichkeit, Eindrücke aus einer Vielzahl von Ländern und Orten zu sammeln, wie dem Iran und dem Oman, aber auch der Besuch der außergewöhnlichen antiken Stadt Petra oder dem Katharinenkloster auf der Halbinsel Sinai.

Im Mittelpunkt meiner Traumreise stand jedoch der lange gehegte Wunsch, den Jemen zu bereisen und einmal in meinem Leben durch die Gassen der unter UNESCO-Weltkulturerbe stehenden Stadt Sanaa zu bummeln...

Inhalt

Vereinigte Arabische Emirate

Aufsehenerregender Städtebau und traditioneller Kamelmarkt

Wenn ich an die Arabische Halbinsel denke, fallen mir als erstes die Beduinen ein, die gemächlich durch die Wüste ziehen, unter nächtlichem Sternenhimmel über die täglichen Geschehnisse palavern und Tee trinken. Und ich denke an viel Sand, Dromedare und Falken. Aber vor allem denke ich daran, wie ich in den Jemen reisen und mir damit einen lang gehegten Traum erfüllen kann: Die Besichtigung der wilden Berg- und Wüstenlandschaften und einen Bummel durch das Weltkulturerbe der Stadt Sanaa.
Schon vor etlichen Jahren habe ich so schöne Bilder aus dem Jemen gesehen, aber mir war es bisher nicht möglich, dorthin zu kommen. Kein Veranstalter bot eine Reise in dieses Land mit seinen herausragenden Sehenswürdigkeiten an, zu unstet war die Situation vor Ort und immer wieder wurden Unruhen oder Entführungen zum Thema in den Medien. Ich fasste mich also in Geduld, ohne mein Ziel aus dem Auge zu verlieren.
Auch beschäftigte ich mich schon damals mit den muslimischen Eigenheiten, mit der eine Frau in diesem Teil der Welt konfrontiert wird. Schon in Ostanatolien und Marokko habe ich Erfahrungen gesammelt, die mir diesmal bei der Vorbereitung halfen. Ich weiß, ich sollte nicht mit schriller und aufreizender Kleidung auftreten, Arme und Beine bedeckt halten, meine Haare mit einer dezenten Kopfbedeckung versehen und bei Moschee-Besuchen - falls ich hinein darf - den mir angebotenen langen Rock überziehen.

Und irgendwann ist es dann endlich soweit! Der Boom von Schiffskreuzfahrten bietet die Gelegenheit, mir endlich den

Traum vom Jemen zu erfüllen, und ich zögere keine Sekunde. Ich quartiere mich auf einem Schiff ein, das von Dubai aus in See stechen wird und im Rahmen seiner Kreuzfahrt auch eine Reise in eben diesen Jemen anbietet. Und auf dieser Reise werde ich nicht nur mein Traumland entdecken, sondern noch weitere fremde Länder besuchen können, in denen zahlreiche atemberaubende Schönheiten und Überraschungen auf mich warten werden.

1. Tag
Mein Erlebnis fängt schon in Deutschland an. Um zum Frankfurter Flughafen zu kommen, fahre ich zum ersten Mal mit dem „Turbozug", der von Köln aus direkt dorthin fährt. Ich sehe die Schönheiten der Landschaften nicht mehr. Ich bin von der Geschwindigkeit des Zuges wie berauscht und erstaunlicherweise auch sehr entspannt. Ich kann nun verstehen, warum Menschen Autorennen fahren oder gar auf ungeschützten Motorrädern durch die Gegend rasen. Diese unmittelbare Geschwindigkeit, die man beim Fliegen gar nicht wahrnimmt, ist ein tolles Gefühl, obwohl mir beim Aussteigen mächtig schwindlig ist und ich die Gefahr erkenne, die von dieser Schnelligkeit von 299 Km/h ausgeht.
Im Hafen von Dubai wartet das Schiff auf mich und ich bin sehr gespannt auf diese Stadt. Immer wieder höre ich Superlative von „höher, weiter und teurer", aber meine Gefühle für ausschweifende Übertreibungen halten sich sehr in Grenzen. Auch ist mir natürlich klar, dass ich in der kurzen Zeit, die ich in Dubai-City verweile, nur einen kleinen Eindruck von der dortigen Atmosphäre bekommen kann. Wird sie mir gefallen? Allein die Tatsache, dass Dubai direkt am Wasser liegt, begeistert mich jedoch schon, denn Wasser strebt in die Ferne und auch in der Nähe zeugt es von Leben, Offenheit und Schönheit. Da bin ich ganz in meinem Element. Überdies öffne ich, wenn ich auf Reisen bin, mein Herz und meinen

Verstand immer unbefangen für all die neuen Dinge, die auf mich warten.

Mitten in der Nacht erreichen wir die Stadt und die Fahrt zum Hafen ist wunderschön. Wir fahren an der Wasserstraße Dubai Creek entlang. Auf der einen Seite sehe ich das alte Dubai mit dem beleuchteten Dhauhafen, an dem jetzt noch reges Leben herrscht. Am anderen Ufer erhebt sich die beleuchtete Skyline und ich bin überrascht von ihr. Vor zwei Jahren habe ich die glitzernden Skylines von Toronto und New York bewundern dürfen, und ich fand sie in ihrer Farbigkeit sehr schön. Hier aber verzaubern mich die schlichte Eleganz, die von ihrer Beleuchtung ausgeht, kein Lichtergeflimmer und kein farbiger Kitsch.

Ich bin todmüde und froh, als wir das Schiff erreichen. Ehe ich zu meinem verdienten Schlaf komme, muss ich aber noch die üblichen Formalitäten der Einschiffung über mich ergehen lassen. Versüßt wird mir die langweilige Zeit mit einem wahrhaft köstlichen Eintopf, der uns in der Nacht noch serviert wird. Ich komme jedoch nicht mehr dazu, meine Kabine wohnlich einzurichten, denn am nächsten Morgen ist schon um 8:00 Uhr der erste Ausflug geplant. Ich werde eine Rundfahrt durch Dubai, Sharjah und Umm al-Qaiwain unternehmen.

2. Tag

Einigermaßen ausgeruht steige ich in den Bus und bin sehr angetan über die Tatsache, dass ich eine Sitzreihe für mich allein habe. Ich kann also mein Handgepäck voll ausbreiten, und auch meine Kamera ist so immer in bequemer Reichweite. Diese Bequemlichkeit sollte mir fast die ganze Zeit zuteil werden, denn die Busreisen sind so organisiert, dass wir vor dem Einsteigen Platzkarten nach unserem Wunsch bekommen können - ich halte mich immer gerne hinten im Bus auf und möchte alleine sitzen - und dieser Wunsch wird mir gerne erfüllt.

Die riesige Baustelle in der Stadt ist nicht zu übersehen und es entstehen nicht nur neue Bürohäuser und Hotels, sondern es wird auch eine Stadtbahn gebaut. Dieser etwas unschöne Aspekt weicht schnell einem großen Erstaunen und auch einer Bewunderung für das, was bisher hier entstanden ist. Die Bauten sind an Schönheit, Vielfalt und Stil wohl nicht zu überbieten: Kaum ein Haus gleicht dem anderen, und für mich ist es ganz offensichtlich, dass nur die edelsten Baumaterialien verwendet wurden. Dieser Anblick einzigartiger Bauwerke hinterlässt bei mir einen außerordentlich nachhaltigen Eindruck.
Auch die in Stein errichteten Kuppelbauten der Moscheen finde ich sehr attraktiv, und die schlanken Minarette erhöhen ihre schlichte Eleganz. Die Gewölbe und Minarette sind filigran mit islamischen Ornamenten geschmückt, mal aus dem Stein gemeißelt, mal in Gold gearbeitet.

Islamische Baukunst

Die wichtigsten Elemente in der islamischen Architektur sind die Bögen und Stürzen. Der Spitzbogen und der Kielbogen waren die beliebtesten Formen, ehe aus ihnen ein besonderes Zierwerk erwuchs: Der Zacken- oder Vielpassbogen. Alle Bögen werden von Stürzen (Träger einer Maueröffnung) gehalten. Zur Vergrößerung der Spannweiten von Bögen erhalten Stürzen weit auskragende Konsolen oder auch Tragarme, die gleichzeitig als Schmuckelemente gestaltet werden.
Das zweite wichtige Element in der islamischen Baukunst ist die Kuppel. Die ersten Gebetshallen der Moscheen wurden von einer einzelnen Kuppel überdacht, die auf einem würfelförmigen Baukörper lag. Mit der Erfahrung entstanden im Laufe der Jahrhunderte prachtvolle Gebäude mit einer großen Mittelkuppel und vier kleineren Kuppeln, die an den Endpunkten eines gedachten Quadrates des großen Kuppelkreises

erbaut wurden. Selten ist der gedacht Körper mehreckig, mit einer dementsprechenden Menge von kleinen Kuppeln.
Das Baumaterial besteht aus Haustein wie etwa Sandstein, Marmor oder Basalt, und es gibt unterschiedliche Architekturstile mit lokalen Traditionen, je nach dem, in welchem Land die Gebäude errichtet wurden und werden.
Die islamische Kunst ist auch von Ornamenten geprägt, die mit ihren plastischen oder gemalten Motiven als Schmuck von Gebäuden dienen. Diese Ornamente heben aber auch die Bögen, Tore und Kuppeln hervor, indem sie diese umschließen oder in ihnen eingearbeitet sind. Das einfachste Element ist das Quadrat neben Quadrat, und die werden oft in Fußböden eingearbeitet.
Komplizierter und kunstvoller sind Ornamente, die aus Raster oder Konfigurationen zusammengesetzt sind. Hier werden Themen eingearbeitet, die die Vegetation, Schrift oder Geometrie widerspiegeln. Menschliche und tierische Figuren sieht man nie in dieser Kunst, da die Lehre des Islam derartige Abbildungen nicht zulässt.

Worin liegt nun der Unterschied zwischen Raster und Konfiguration?
Das Raster besteht aus einer Linie, aus der ein mehr oder weniger repräsentatives Netz geflochten wird. Dieses Raster wird dann immer wiederholt und somit entsteht ein dekoratives Zierband, das mit Farbe bearbeitet wird, vorzugsweise in blau und grün.
Bei der Konfiguration wird ein Objekt gebildet, in dem geometrische Grundformen miteinander kombiniert und anschließend mit Farbe versetzt werden, z.B. Kreise mit Dreiecken, Fünfecken und Punkten. Auch hier entsteht dann das Ornament durch das Zusammensetzen dieser „Schablone“, wobei es sein kann, dass unterschiedliche Schablonen aneinandergereiht werden, damit eine Verzierung besonders lebhaft erscheint.

Diese Ornamente sehen zwar sehr kompliziert aus, aber sie sind einer mathematischen Ordnung unterlegen, und sie zeigen auch den mathematischen Fortschritt der jeweiligen Zeit an, in der sie entstanden sind. Je nach Verwendungszweck, z.B. als Ornament in einer Kuppel, lässt diese Art der Kunst zudem Assoziationen zu, wie in diesem Fall die Gedankenverbindung zu einem Sternehimmel.
Die Unterschiede in den regionalen Ornamenten liegen in dem Stil der künstlerischen Gestaltungen, die von den Mentalitäten der jeweiligen Länder geprägt sind, in denen sie geschaffen werden, mal sehen die Ornamente schlicht und sachlich aus, mal blumig und prunkvoll.

Wenn man bedenkt, dass hier vor etwa 40 Jahren noch ein kleines Dorf im allgegenwärtigen Sand stand und die Menschen vom Fischen und dem Tauchen nach Perlen lebten, kann das neue Dubai durchaus als kleines Wunder bezeichnet werden.
Der Bus bewegt sich langsam in einer riesigen Autoschlange vorwärts und ich frage mich, ob wir jemals in dem Museum in Sharjah ankommen werden. Wie mir scheint, bin ich die einzige, die sich diese Frage stellt. Die Fahrt geht stetig und diszipliniert voran, und kein Gedränge und Gehupe trübt diesen Eindruck. Die Menschen sind den Stau wohl gewohnt. Es gibt kein anderes Verkehrsmittel, das sie zur Arbeit bringt und so machen sich morgens, mittags und abends eine Million Menschen auf diesen mühseligen Weg, der durchaus drei Stunden Zeit für eine Strecke in Anspruch nehmen kann. Ich bewundere es, mit welcher Ruhe sie diese Mühsal bewältigen, aber sie haben eben keine Wahl.

In den Emiraten sind es vor allem Gastarbeiter, die hier für sich und ihre Familien in der Heimat den Lebensunterhalt verdienen und es ist finanziell unmöglich für sie, direkt in

Dubai zu wohnen. Die meisten Arbeiter kommen aus Indien, Sri Lanka und Pakistan. Die Lebensbedingungen sind hart, nicht nur, weil es hier heiß und staubig ist, sondern auch, weil die Gesetze sehr streng sind. Wenn sie keine Arbeit mehr haben, müssen sie in ihre Heimat zurückkehren, sie können keine Staatsbürgerschaft beantragen, und sie erarbeiten sich auch keinen Rentenanspruch. Dennoch kommen die Menschen in großen Massen hierher, da sie hier wesentlich besser verdienen, als zu Hause.
Auch für Amerikaner und Europäer gelten dieselben Bedingungen. Da sie aber z.B. als Ärzte, Ingenieure und Architekten gut ausgebildet sind, können sie mit ihrer Arbeit sehr viel Geld verdienen und die Nachteile eventuell ausgleichen.

Natürlich erreichen wir das Al Hisn Fort in Sharjah unbeschadet, und ich erfreue mich an dem Anblick dieses heimischen Museums, zumal wir viel Zeit bekommen, um uns umzuschauen. Ich finde es angenehm, dass hier die Uhr langsamer zu gehen scheint, und ich genieße die entspannte Atmosphäre außerordentlich.

Das Al Hisn Fort

Das Al Hisn Fort wurde 1820 von Scheich Mohammed bin Sahr al Oasini als Festung errichtet und 1969 abgerissen. Nur ein steinerner Turm blieb stehen, der heute ein markanter Blickpunkt dieser Stätte ist. Das Fort diente auch mal als Gefängnis, ehe es für den Tourismus freigegeben wurde, und noch heute kann man im Innenhof die Hand- und Fußfesseln aus dieser Zeit besichtigen. Der eigentliche Schatz dieses Museums befindet sich aber in den eingelassen Räumen der Wehrmauern, der sogenannte „Sharjah Schatz“. Er besteht aus 93 Maria Theresia-Talern, arabisch Abu Kush genannt, die im 18. Jahrhundert in Arabien ein Zahlungsmittel waren. Sie wurden hier in einem Krug versteckt und erst sehr viel später bei Ausgrabungen gefunden.

Auch vor dem Al Hisn Fort schaue ich mich etwas um und entdecke eines dieser schönen Rondells, die meistens in der Mitte mit kunstvollen Skulpturen, schönen Pflanzen und Grünflächen gestaltet sind. Angeblich ist der Ursprung dieser Wegführung hier entstanden, und die Engländer haben die Idee mit nach Europa gebracht. Es lohnt immer wieder, sich diese Rondells genau anzuschauen, da in ihnen oft besondere Kunstwerke stehen.
Bald erreichen wir Umm al-Qaiwain, ein kleines Emirat, das ein „Gemüsegarten“ der Vereinigten Arabischen Emirate ist. Auch hier besuchen wir ein Museum, in dem sich im Außenbereich eine sehenswerte Dhau befindet.

Die Dhau

Eine Dhau liegt nicht ohne Grund in einem arabischen Museum, denn sie ist das traditionsreichste Transportmittel im Bereich des Persischen Golfes und des Indischen Ozeans. Sie hat sich über 2.000 Jahre lang bis heute bewährt, und mit ihr segelte man früher sogar bis nach China. Sie wird noch heute in Kerala (Indien) sowie in den VAE und Bahrain gebaut. Es gibt keine Pläne für diese Segelboote aus Holz, sondern diese Baukunst wird noch heute von Generation zu Generation mündlich weitergegeben. Die Planken, für die man gerne tropische Hölzer, wie z.B. Teak- und Mangrovenholz verwendet, wurden früher mit Kokosfasern verbunden, während heute Nägel benutzt werden. Es gibt etwa 60 verschiedene Typen dieser Boote, vom Einmaster über Dreimaster bis zum 200 Tonnen tragenden Transportschiff, und jedes Land verwendet seine eigenen

Namen für die jeweiligen Schiffe und Typen. Alle Stilarten aber haben zwei gemeinsame Merkmale: Den langen Vordersteven, der sich schräg aus dem Kiel hervorhebt, sowie das große dreieckige Schrat-Segel.

Außerhalb des Museums entdecke ich bunte und verkommene Katen sowie ein kleines Café, vor dem greise Männer in ihren langen weißen Gewändern sitzen und plaudern. Frauen sehe ich hier nicht. Genau so habe ich mir ein altes arabisches Fischerdorf vorgestellt, aber es wird wohl bald der Moderne weichen müssen.

Bevor wir nach Dubai zurück fahren, besuchen wir noch den „Blue Souk" in Sharjah. Dieses Einkaufszentrum ist ein langgezogener Bau, dessen Merkmal blaue Gewölbe sind, die mit reich verzierten Fensterreihen von der Mauer abgegrenzt werden. Diese wunderschönen Fenster geben den Hallen viel Licht, und es entsteht dadurch in ihnen eine außerordentlich freundliche Atmosphäre. Auf zwei Stockwerken liegen kleine Geschäfte mit Stoffen, Schmuck und anderen Waren dicht nebeneinander, und die Händler warten unaufdringlich und geduldig auf ihre

Dhau: Traditionelles Gefährt inmitten der Moderne

Kunden. Die angenehme, gelassene Stimmung in diesen hellen Hallen hält mich gefangen. Auch die Stuckarbeiten an den Wänden, die schmiedeeisernen Geländer und die mit blauen Ornamenten geschmückten Wandfliesen begeistern mich. Es gibt so viele Kleinode zu entdecken, dass es für mich eine Lust ist, durch diese Ladenzeilen zu streifen.
Ich schaue mich auch außerhalb der Hallen um, denn ich entdecke wieder eines dieser bezaubernden Rondells, und die „König Faisal Moschee", die ganz in unsere Nähe steht. Leider kann ich sie nicht betreten, denn es ist keine Besichtigung vorgesehen, und somit habe ich keine Zeit dafür.

Elemente einer Moschee

Die Moscheen beinhalten immer einige Elemente nach festen Regeln. Wenn man eine Moscheeanlage betritt, muss man zuerst durch ein Tor gehen und gelangt in einen Innenhof. In ihm steht ein Brunnen, der fließendes und sauberes Wasser spendet, und Arkaden schützen die Menschen vor Regen und starker Sonne. Der Innenhof dient nicht nur der Reinigung, sondern in ihm können sich auch Gläubige aufhalten, die keinen Platz mehr in der Gebetshalle gefunden haben.
Die Gebetshalle selbst ist ein offener, großer und lichter Raum, der mit einer Kuppel abgeschlossen wird, und in dem der Fußboden mit vielen einzelnen Gebetsteppichen belegt ist. Dieser Raum ist oft mit Säulen geschmückt, die die Kuppeln stützen. In großen Gebetshallen steht die Dikka, ein erhöhter Teil des Fußbodens, die von einem „Übermittler" benutzt wird, der den Imam, Vorbeter, in seinen Bewegungen exakt übersetzt und den Gebetstext wortgleich und laut wiedergibt, da der Iman in den hinteren Reihen einer großen Moschee nicht von jedem Betenden gehört oder gesehen werden kann.

Die weithin sichtbaren Merkmale einer Moschee

Schaut man sich weiter in der Halle um, fällt einem sofort der Minbar, die Kanzel, auf. Man erreicht sie über wenige Stufen, die im geraden Lauf zum Minbar führen. Dieser Minbar darf nur vom Gemeindeleiter oder einem anderen Beauftragten betreten werden. An der Stirnseite jeder Moschee liegt eine vertiefte Gebetsnische, Mihrab, die immer in Richtung Mekka, dem heiligen Pilgerort des Islam, liegt, unabhängig davon, in welchem Teil der Welt die Moschee erbaut ist.
Zu guter Letzt gibt es in der Halle noch die Kursi, was ein einfaches Vorlesepult ist, und auf dem ein Buch des Korans liegt. Oft steht ein Stuhl davor, der nur für Textinterpreter bestimmt ist, die bei dem Gemeinschaftsgebet am Freitag Passagen aus dem Koran und Auslegungen von Suren (Korankapitel) vortragen.
Ein besonderes Merkmal aller Moscheen ist das Minarett. Ursprünglich ist ein Minarett als Leuchtturm gedacht, aber in der islamischen Welt werden diese Türme ausschließlich dazu genutzt, um von ihnen aus den Aufruf zum Gebet zu verbreiten. Damit jeder Muslime auch diesen Ruf hört, haben Moscheen in großen Städten mindestens zwei Minarette, von denen aus dann dieser Ruf von den Muezzins gleichzeitig und erinnernd in alle Richtungen ausgerufen werden kann.

Die König Faisal Moschee beeindruckt mich. Sie bietet etwa 3.000 Gläubigen Platz und erhebt sich in strahlendem Weiß in den blauen Himmel. Die mächtige Kuppel ist mit Gold verziert und mit ihren eleganten Minaretten ist sie weithin sichtbar. Die Moschee ist nach dem König Saudi-Arabiens benannt. Überhaupt pflegt Sharjah gute Beziehungen zu diesem Staat, zumal die Menschen auch hier nach der Scharia, dem religiösen Gesetz des Islam, leben, das sich z.B. in dem Verbot des Ausschanks von Alkohol ausdrückt.
Wir fahren direkt auf der Corniche nach Dubai zurück. Ich sehe, dass am Wasser Sand für Strände aufgehäuft wird und

viele weitere Hotels gebaut werden. Wunderschöne Dhaus liegen im Wasser und bezaubernde alte Gaslaternen säumen die großzügige Uferpromenade; ein lebendiger und kontrastreicher Anblick aus der arabischen Welt.
Was wird wohl aus Dubai und Sharjah werden, wenn die Öl- und Gasquellen versiegen? Beide Emirate bereiten sich zielstrebig auf die Zukunft vor: den Tourismus.

Die Zukunftsvorstellungen von Sharjah und Dubai

Sharjah hat sich schon jetzt einen Namen in der Kunst- und Kulturszene gemacht. Die Altstadt von Sharjah City erhielt 1998 den Ehrentitel „UNESCO Kulturhauptstadt der arabischen Welt". Hier sind noch die alten und schattigen Gassen erhalten, die Kaufmannshäuser wurden mit dem traditionellen Korallen-Stein aufwendig restauriert und alte Windtürme, die wie moderne Klimaanlagen funktionieren, zieren die Dächer. 20 Museen geben Einblick in das traditionelle Leben des Emirats und die berühmtesten sind das Heritage Museum, das Islamic- Museum und das maritime Museum. Auch wird zu einer internationalen Biennale für zeitgenössische Kunst eingeladen, und in den Sharjah Art Galleries werden heimischen Künstlern Werkstätten und Galerien zur Verfügung gestellt.
Dubai baut seinen Tourismus mit spektakulären Hotels und den künstlichen Palmeninseln im Meer aus. Auch hat es sich mit einer „Freihandelszone im Internet" ein weiteres Standbein geschaffen. Außerdem soll ein riesiger neuer Flughafen das größte Drehkreuz für den Handelsverkehr in der Welt werden.

Nachdem wir in Dubai die Einkaufsmeile besucht haben, in der sich die berühmten Skipiste befindet, fahren wir noch zu einer „Meile", die an einem Yachthafen liegt, das schönste und

Ruhestätte mit auserlesener Behaglichkeit

eleganteste Shopping Center, das ich je gesehen habe. Schon am Eingang ist der Boden mit einer markanten und runden Marmorplatte geschmückt, und auch hier sind die Hallen licht und großzügig gestaltet. Am schönsten finde ich die terrakotta- und beigefarbenen Steine, mit denen das Gebäude erbaut ist. Blaugraue Balkone und Fenster bilden einen glanzvollen Kontrast zu den warmen Farben der Fassaden. An den Hallen führt ein Kanal mit smaragd-grünem Wasser aus dem Hafen entlang, und schön geschwungene Brücken führen zu einem Ruheplatz. Allein das Farbenspiel zwischen Wasser und Fassaden ergötzt mich. Auch der Blick auf den Hafen mit seinen prachtvollen Yachten zieht mich in seinen Bann, ehe ich zu dem Ruheplatz gehe, der mit einem kleinen Beet abgegrenzt ist, auf dem Wüstenrosen in ihrer vollen Blüte erstrahlen - natürlich bei wärmendem Sonnenschein. Vereinzelt spenden Palmen der großzügigen Ruhestätte angenehmen Schatten, und Menschen sitzen hier und lesen. Auf den anderen Sitzgelegenheiten entdecke ich sehr schöne braune Kissen, die mit grünen Blattornamenten geschmückt sind. So viel Behaglichkeit und so auserlesen!

Mir gefällt die geruhsame und friedvolle Ausstrahlung, die von diesem Ort ausgeht, und ich würde am liebsten noch länger hier verweilen, aber nun wartet der Bus auf mich. Und das Abendessen.

Ich habe mich für die späte Essenszeit um 20:00 Uhr entschieden, und ich sitze mit einem älteren Ehepaar an einem Tisch. Wie sich herausstellen soll, unterhalten wir uns großartig miteinander, zumal ich von den Erlebnissen ihrer vielen Kreuzfahrten und ihrem ereignisreichen Leben erfahren darf.

Abends falle ich wie so oft todmüde in meine Koje. Bisher habe ich weder den Koffer ausgepackt, noch das Schiff erobert. Vielleicht schaffe ich es ja morgen, aber da ist wieder ein Ausflug geplant, der meine ganze Aufmerksamkeit in Anspruch nehmen wird. Das Schiff soll heute Nacht bis Abu Dhabi fahren, und von dort aus ist die Besichtigung von Al Ain vorgesehen.

Ich bin aufgeregt und sehr neugierig.

3. Tag

Auf der Arabischen Halbinsel gibt es natürlich nicht nur Beduinen, Sand und Dromedare, sondern sie hat eine sehr bewegte Geschichte. Von dieser Halbinsel ging der Islam aus. Er breitete sich – natürlich nach Kämpfen und mit missionarischem Eifer - im Osten bis nach Indonesien aus, und auch in Afrika fasste er Fuß. In Südspanien ist noch heute eine islamisch arabische Baukultur zu bestaunen und in Wien wurde der Islam nur nach hartem Kampf aufgehalten. Lediglich den Kaffee ließen die Wiener zu, und sie entwickelten die Herstellung des Getränkes auf vielfältige Weise weiter.

So ist es nicht verwunderlich, dass sich die Pilgerstätten der unterschiedlichsten islamischen Strömungen in Saudi-Arabien befinden: Mekka und Medina. Diese gläubige Gemeinde umfasst heute über eine Milliarde Menschen, und es ist der Wunsch aller Muslime, zumindest ein einziges Mal in ihrem Leben dorthin zu pilgern. Wir erleben noch heute ein bemerkenswertes Schauspiel, wenn einmal im Jahr Millionen von Menschen mehrere Tage ihre religiösen Festlichkeiten ausleben.

Die fünf Säulen des Islam

Die Grundsätze des Islam stützen sich auf fünf Säulen, deren erste Säule die Schahada, das Glaubensbekenntnis ist. Die Muslime bekennen damit, dass es keinen Gott gibt, außer dem einzigen Gott „Allah" und Mohammed sein Prophet (Gesandter) ist.
Die zweite Säule ist Salat, das Gebet. Jeder Muslime ist verpflichtet, fünfmal am Tag einige Minuten Schahada zu beten, und zwar in der Weise, dass er sich immer in Richtung Mekka auf einen Gebetsteppich hinkniet, unerheblich davon, wo er auf der Welt lebt. Die Zeiten der Gebete sind genau festgelegt und der Muezzin ruft sie von den Minaretten aus. Der Freitag ist der bedeutendste Gebetstag, so wie der Sontag bei den Christen. Das Freitagsgebet wird von der Chutba (Predigt) vervollständigt und findet mittags in einer Moschee statt. Die Predigt beinhaltet Passagen aus dem Koran, aber auch Aussprüche von Mohammed, und es werden tagesaktuelle Themen bedacht.
Grundsätzlich haben alle Menschen Zutritt zu der Moschee, aber es müssen Regeln eingehalten werden. So müssen Frauen lange Kleidung tragen und ihre Haare mit einem Kopftuch bedecken, vor dem Betreten der Gebetshalle müssen rituelle Waschungen am fließenden Wasser des Brunnen vorgenommen und die Schuhe ausgezogen werden. Frauen müssen hinter den Reihen der Männer ihr Gebet vollziehen, falls für sie kein separater Raum vorhanden ist. Niemand darf an den Betenden vorbeilaufen und während des Gebets darf nicht laut gesprochen werden. Es ist erlaubt, alle Dinge in der

Moschee anzufassen, nur das Buch des Korans sollte nicht achtlos berührt werden.
Die dritte Säule ist Zakat, das Almosen. Jeder Muslime ist zur finanziellen Beihilfe, der Almosensteuer, verpflichtet, die er Armen, Schuldnern, Sklaven und Reisenden bezahlen muss. Ein Jahr nach dem Erlangen von Reichtum z.B. aus Handel, Einkommen, Vermögen wie Schmuck oder Bankvermögen, Viehbestand oder Waren vom Landwirtschaftsanbau sind diese Menschen verpflichtet, aus ihrem Reichtum 2,5 bis 10% als Almosensteuer zu entrichten. Dies Steuer ist eine heilige Pflicht, denn Zakat bedeutet in der arabischen Sprache „Reinigung", und drückt ausschließlich die Reinigung des Herzens von der Habgier aus. Also befreit Zakat den Menschen von der Liebe zum Reichtum. Im Islam ist Reichtum ein Geschenk Gottes, und somit haben alle das religiöse Recht, an ihm teilzuhaben.
Die vierte Säule ist Saum, das Fasten. Einmal im Jahr wird für den Zeitraum des Monats Ramadan gefastet. Der Ramadan ist der neunte Monat des islamischen Mondjahres, und er verschiebt sich in der Zeitrechnung gegenüber unserem gregorianischen Kalender um 11 Tage. In diesen Tagen darf von dem Beginn der Morgendämmerung an bis zur Vollendung des Sonnenuntergangs nicht gegessen, getrunken, geraucht, oder keine ausschweifenden Handlungsweisen getätigt werden. Auch ehelicher Geschlechtsverkehr ist tabu. Mohammed soll hin und wieder das Fasten mit Milch und Datteln gebrochen haben, und auch heute ist diese Art des Fastenbrechens erlaubt, wenn Menschen am Tag hart arbeiten müssen. Ist die Zeit des Ramadan vorbei, wird Saum mit einem feierlichen „Fest des Fastenbrechens" beendet.
Die fünfte Säule ist Haddsch, die Pilgerfahrt. Einmal im Jahr, im letzten Monat des Mondjahres, findet diese Pilgerreise nach Mekka statt. Haddsch ist eher als Wunsch von Muslimen zu betrachten, die einmal in ihrem Leben siebenmal um die

Kaaba, den Ort der Anbetung, laufen möchten. Eine religiöse Pflicht ist diese Reise nicht, denn oft haben die Menschen keine finanziellen Möglichkeiten, um dorthin zu fahren, zumal die Verpflichtung, sich ein Haus zu bauen, Vorrang hat.

Inzwischen hat das „Schwimmende Hotel" den Hafen von Abu Dhabi erreicht und ich habe mir meine Bordkarte für den Bus geholt, der mich nach Al Ain bringen wird. Ich habe mich inzwischen auch an die schwankenden Bewegungen des Schiffes gewöhnt und bin froh, dass ich offensichtlich nicht an Seekrankheit leide. Auch schlafe ich trotz der Schwankungen großartig, und ich bin jetzt gut ausgeruht für meinen Ausflug in eine Oase mitten in der Wüste. Zuerst fährt der Bus aber am Hafen entlang und weiter durch die Stadt Abu Dhabi. Unser Reiseleiter erzählt uns einiges über die Geschichte am Persischen Golf.

Die Geschichte am Persischen Golf

Abu Dhabi ist das Zentrum für die Entwicklung der Emirate am Persischen Golf. Lange hatten die Perser einen erheblich Einfluss auf diese Entwicklung, ehe im 16. Jahrhundert die Portugiesen mit einem blühenden Seehandel an der „Straße von Hormuz" die Herrschaft übernahmen. Aber die Perser übten weiter ihre Wirkung aus, und auch der Oman gewann an Macht. In dieser Zeit der Rastlosigkeit gedieh die Seeräuberei prächtig, bis die Engländer 1820 mit den Emiraten am Golf einen Vertrag schlossen, der die Piraterie verbot und ihnen selbst Autonomie zusagte. 1892 half England den Vertragspartnern im Kampf gegen die Franzosen und Russen, und 1968 verließ es die Gebiete am Hormuz endgültig. 1971 schlossen sich die Emirate zu einem Verbund zusammen, den Vereinigten Arabischen Emiraten, kurz VAE genannt, zu denen heute Abu Dhabi, Dubai, Sharjah, Ajman, Fujairah, Umm al-Qaiwain und Ras al Khaimah gehören. Die Verwaltung dieser Emiratgemeinschaft ist in Abu Dhabi, und ihren heutigen Reichtum und somit auch ihre Bedeutung in der Welt, verdankt sie dem Erdöl und Gas. Die Förderung hält bis heute unvermindert an. 1981 bildete die VAE mit Kuwait, Bahrain, Qatar, Oman und Saudi-Arabien den „Rat zur Zusammenarbeit der Golfländer“, kurz GCC genannt (Gulf Cooperation Council). Im ersten Golfkrieg stellten sie sich auf die Seite der UN-Koalition, während sie sich im zweiten Golfkrieg neutral verhielten. 2004 starb der Gründer und Gestalter der VAE, Scheich Zayed bin Sultan al Nahyan, Scheich von Abu Dhabi. Auch in der Finanzkrise bewährte sich die VAE. Abu Dhabi stand Dubai finanziell bei und gewann somit weiter an politischem Einfluß. Der Iran ist nur einen Steinwurf entfernt und Abu Dhabi bestimmt heute in großem Maße für die VAE, wie die Beziehungen zu diesem Staat gestaltet werden sollen.

Abu Dhabi Stadt liegt auf einer Insel, auf der Mangroven wuchsen. Dieses Gebiet musste trocken gelegt und von den Bäumen befreit werden. Auch wurde in dieser Zeit von etwa 40 Jahren die Stadt aufgebaut, alles in allem gesehen eine wirklich bemerkenswerte Leistung.
Wir fahren über die breiten Straßen von Abu Dhabi, die von Rondellen aufgelockert werden und denen dadurch ein großzügiger Charakter verliehen wird. Auch die vielen Parks und Grünflächen tragen zu dieser Großzügigkeit bei. Am schönsten finde ich die Fahrt auf der Corniche, an der die moderne Skyline zu sehen ist und die den Blick auf das Meer und die malerischen Dhaus im Hafen freigibt.
In dieser schönen Stadt leben heute etwa 800.000 Menschen, von denen aber die wenigsten Einheimische sind. Auch hier sind die Gastarbeiter in der Überzahl, natürlich unter denselben Bedingungen wie in Dubai.

Unser Ziel ist heute Al Ain, eine Oase. Sie ist eher eine kleine, sehr grüne Stadt mitten in der Wüste, die an der Grenze zum Oman liegt, ein Teil liegt sogar im omanitischen Bereich. Außerdem ist sie eine Universitätsstadt und hat einen Fußballverein, dessen Spieler für einige Zeit vom deutschen Coach Winfried Schäfer trainiert wurden.
Zwei Rondelle sind hier bemerkenswert und an einem fahren wir gerade vorbei. In der Mitte liegt auf einem schrägen Sockel eine riesige Uhr mit einem prachtvollen blauen Zifferblatt. Die Uhrzeiger stehen beide exakt auf 12:00 Uhr. An den Schrägen sind treppenartig Becken eingearbeitet, die mit Wasser gefüllt sind und sprudelnde Fontänen schmücken und beleben diese Flächen. Abgegrenzt wird das Rondell mit einer kräftig grünen Fläche. Sie sind immer wieder wunderschön anzuschauen!
Als wir unser erstes Ziel, ein Museum erreichen, entdecke ich an seinem Eingang eine dunkelgrüne, hoch gewachsene Pflanze, die an ihren verzweigten Enden rote Blüten hat und ihren Schatten sternförmig und fein auf kleine gelbe Blütenstauden wirft. Dieser Anblick ist bezaubernd inmitten dieser kargen Umgebung!
Das Museum bietet mir einen kleinen Einblick in die Bekleidungen der Frauen. Ich sehe nicht die schwarzen, lange Gewänder, die heute das Straßenbild prägen. Diese Gewänder an den Frauenfiguren sind lang und bunt und ihre Haare sind locker mit dunklen, aber durchsichtigen Tüchern bedeckt. Auffallend erscheinen die Maskierungen in ihren Gesichtern. Die Nase und der Mund sind mit einer schwarzen Hülle aus Stoff und die Augenbrauen mit einem schmalen schwarzen Band verdeckt, sodass die ganze Gestalt anonym und gesichtslos wirkt.
Der Schmuck, der in Vitrinen ausgestellt ist, sieht edel und prachtvoll gearbeitet aus und ich kann kostbare Kunstwerke aus Gold und Edelsteinen bewundern. Auch entdecke ich Steinplatten mit Tierornamenten und einen ausgestopften Falken, der mit ausgebreiteten Flügeln zur Landung ansetzt.

Der Reiseleiter erzählt mir: “Die Falken spielen in der arabischen Welt eine wichtige Rolle. Sie sind das Symbol für Männlichkeit, Ausdauer und Kraft. Damit der Vogel nicht unruhig wird und wegfliegen kann, wird über seinen Kopf eine Kappe gestülpt, die seine Augen verdecken. Diese Kappen können sehr wertvoll sein und sie gelten für den Besitzer als ein Statussymbol.“

Auf einer schön verzierten Truhe entdecke ich noch verschiedene Kaffeekannen, die in unterschiedliche Größen und Verzierungen gestaltet sind.

Im Innenhof des Museums werden unter einer Zeltplane von Einheimischen heimische Waren angeboten, und zum ersten Mal treffe ich unmittelbar mit tief verschleierten Frauen zusammen. Ich bin etwas befangen. Der Anblick der Frauen in ihren schwarzen Tschadors ist trotz Kenntnis ihrer Traditionen merkwürdig für mich und ich weiß nicht, wie ich mich ihnen gegenüber verhalten soll. Jedoch begegne ich hier auch jungen Mädchen in dieser „Tracht“, die fröhlich kichern und miteinander plaudern, und von da an verliere ich meine Befangenheit

Nach islamischem Brauch: Arbeit für Frauen...

... und die für Männer

völlig. Dennoch werde ich auf der ganzen Reise sehr achtsam sein und nicht unbedacht oder ohne Erlaubnis Fotos machen. Dem Museum angeschlossen ist eine Oase, die aber nicht mehr bewirtschaftet wird. Jedoch kann man hier sehr schön sehen, wie die Anpflanzungen aufgebaut sind, und woher das Wasser kommt.

Die Oase

Das Herzstück der Oase ist immer eine Wasserader. Das Wasser wird durch einen Kanal geleitet, der mehrere Nebenarme hat. Die Nebenarme werden dann nach festen und sehr strengen Regeln verschlossen oder geöffnet, sodass das Wasser in regelmäßigen Abständen mal durch den einen und mal durch den anderen Arm fließen kann. So wird niemand benachteiligt und Pflanzen, sowie natürlich auch Menschen bekommen die Menge Wasser, die sie benötigen. Dieses einfache und effektive System bewährt sich schon seit Jahrhunderten überall da, wo Wasser eine Kostbarkeit ist - und das auf friedliche Weise.

Die Ausführung dieses Systems ist hier eher schlicht. Es gibt jedoch auch sehr verzweigte Strukturen, in denen die Kanäle unterirdisch oder über Aquädukte verlaufen können, wie z.B. beim „Falaj System“ im Oman. Das Prinzip allerdings ist immer dasselbe: Die Wasserkanäle werden von einer Wasserader gespeist und die Verteilung des Wassers unterliegt strengsten Regeln. Der Raum der Anbauflächen in den Oasen wird vollständig genutzt, das heißt, es werden dort Nutzpflanzen mit drei unterschiedlichen Höhen angebaut. Direkt am Boden wachsen das Gemüse oder andere niedrige Nutzpflanzen, dann streben die Stauden ans Licht und die größten Pflanzen sind Dattelpalmen, Zitrusfrüchte o.ä. Diese Vielfalt ist möglich, da der Boden in der Wüste sehr fruchtbar ist, wenn ihm Wasser zur Verfügung steht.
Übrigens wird dieses Bewässerungssystem auch für die Blumenbeete an den Straßenrändern und Rondellen verwendet, allerdings nur in unansehnlicher Ausführung. Die Golfstaaten können froh darüber sein, dass die Rohstoffe, die in ihrer wasserarmen Wüste lagern, sie so reich machen. So können sie die sehr teuren Entsalzungsanlagen bezahlen, die ihnen das notwendige Süßwasser bescheren, das aus dem Meerwasser gewonnen wird.

Weiter geht unsere Fahrt zu einem Ziegenmarkt. Unter einem riesigen und offenen Hallendach stehen Reihen von Lastwagen dicht nebeneinander, auf denen die Ziegen im Augenblick ihr Leben fristen. Die Händler sitzen geduldig auf Bänken davor oder stehen plaudernd mit ihren Kollegen oder Käufern herum. Riesige Heuballen liegen auf den Decks der Wagen, und ich habe das Gefühl, dass die Tiere hier noch lange ausharren müssen. Auch weilen augenscheinlich die Besitzer der Ziegen schon einige Zeit hier, denn ihre Wagen sind völlig mit Sand und Dreck verschmiert und bedeckt.

Die Atmosphäre ist ohne Hast, so ruhig und gemächlich, dass ich diesen kurzen Einblick in das ländliche Leben der Einheimischen außerordentlich genieße.
Nicht weit von diesem Ziegenmarkt liegt die Markthalle von Al Ain, die nachmittags als Autoparkplatz dient. Jetzt aber ist sie gefüllt mit Obst, Gemüse, Kamelfleisch, Brot und Gewürzen, und alle Waren sind sauber und appetitlich nebeneinander gereiht. Hier gibt es Gemüsesorten, die ich noch nie gesehen habe, und auch manches Obst und manche Gewürze sind mir fremd. Der Anblick jedoch ist bunt und vielfältig und eine Lust für meine Augen, und die Beschaulichkeit des Marktes ist eine Überraschung für mein Gemüt. Ich hatte mir die arabischen Märkte viel lebhafter, dreckiger und lauter vorgestellt, so jedoch es ist eine Wohltat für mich, gemächlich durch diese beschauliche Halle zu streifen.
Ehe wir nun den Kamelmarkt erreichen, der etwas außerhalb der Stadt in der Wüste liegt, fahren wir an dem wohl berühmtesten Rondell von Al Ain vorbei. In der Mitte kippt eine riesige braune Kaffeekanne symbolisch ihren Inhalt in hellbraune und mit dunkelbraunen Punkten gesprenkelte Tassen, die in regelmäßigen Abständen um die Kanne herum stehen. Vögel vergnügen sich auf dem Rasen, der von Beeten zur Straße abgegrenzt wird. Auf diesen Beeten leuchten gelbe Blumen in der Sonne.

Einiges über den Kaffee

Kaffeekannen sind ein Symbol für Gastlichkeit und deswegen werden sie auch an vielen Orten gezeigt, als Skulptur oder auch in edlem Gold. Sie hat in Arabien ihren Ursprung und wurde von den Engländern in Europa eingeführt.
Der Kaffee allerdings kommt ursprünglich aus den tropischen Gebieten von Äthiopien und wurde über den Jemen auf die Arabische Halbinsel gebracht. Die ersten Röstanlagen waren

im Jemen zu finden. Heutzutage ist Kaffee eines der beliebtesten Getränke und somit nach dem Erdöl das begehrteste Handelsgut der Welt.

Der tropische, immergrüne Kaffeebaum wird 5 - 13 Meter hoch, aber in den Kaffeeplantagen wird eine Strauchkultur angepflanzt, die nur 2 Meter hoch wächst. Am besten gedeiht die Pflanze in 600 - 2.200 Metern Höhe und bei einer Temperatur von 25 - 35°C. Die idealen klimatischen Verhältnisse sind der stetige Wechsel von reichlichem Regen und Sonnenschein und heute wird die Kulturpflanze Kaffee in allen subtropischen und tropischen Zonen der Welt angebaut.

Zuerst wachsen weiße oder gelbe Blüten heran und daraus entstehen die Kaffee-Kirschen, die verschiedene Stadien durchmachen. Erst werden sie grün, dann gelb und erst wenn sie rot sind, können sie geerntet werden. In den Kirschen befinden sich zwei bis drei Samen, die der Rohstoff für die Kaffeebohnen sind. Sie werden entweder nass oder trocken, also mit oder ohne das Kirschenfleisch getrocknet. Danach wird das Aroma durch biochemische Verarbeitungsverfahren veredelt, die Ware in Säcke verpackt und in die jeweiligen Verbraucherländer verschickt. Erst dort werden sie geröstet, denn jedes Land hat seinen eigenen Geschmack, in welcher Stärke der Kaffee geröstet sein soll. Je schärfer die Bohnen gebrannt werden, umso stärker und auch bitterer wird der Geschmack des Getränkes.

In Arabien gilt Kaffee als das traditionelle Getränk, das bei allen geselligen Anlässen getrunken wird. Die Bohnen werden in einem Mörser zerrieben und dann mit Zucker in einer Kanne gekocht, bevor das Getränk in Schalen serviert wird. Weltweit hat sich diese Methode der Herstellung weitgehend durchgesetzt.

Die ersten Kaffeehäuser entstanden 1511 in Mekka, und von da aus begann der Siegeszug über die Türkei nach Europa. 1655 entstand in Venedig das erste Café und in Deutschland wurde das erste 1673 in Bremen ansässig.

Kaffee wurde nur von den wohlhabenden Menschen als Genussmittel getrunken. Die Ärmeren kochten sich aus ihm Kaffeesuppe, die sie mit Brotbrocken verbesserten, denn Kaffee ist nicht nur nahrhaft, sondern er nimmt auch das Hungergefühl. Das Öl aus den Pflanzen wird ebenfalls verwendet; es wird in Hautcremes und Haarshampoos verarbeitet, da das Öl die Durchblutung der Haut fördert.

Ich bummle nun gemächlich über den Kamelmarkt und stelle fest: Ich sehe keine Kamele, sondern Dromedare, also Kamele mit einem Höcker. Die Tiere stehen hier in kleine Gattern oder auch einzeln und in Gruppen herum und warten auf ihre Käufer. Manche tragen schöne, bunte Tücher über ihrem Höcker, und der Sattel ist nicht auf, sondern hinter dem Höcker festgeschnallt. Andere Tiere fressen träge ihr Futter, und wieder andere liegen dösend in der Sonne. Mir gefallen die Tiere, die stolz und majestätisch vor mir stehen. Aber natürlich halte ich respektvoll Abstand zu ihnen, denn „Streicheltiere“ sind das nicht.

Von Hektik ist auch hier nichts zu spüren. Die Menschen - alles Männer - stehen in weißen Kaftans in kleinen Gruppen herum und plaudern oder handeln.

Etwas abseits steht eine riesige blaue Halle und ich erfahre, dass sie als Unterkunft für die Tiere gilt. Auch sie benötigen anscheinend Schatten, obwohl sie über erstaunliche Fähigkeiten verfügen, in der Wüste zu überleben.

Kamele sind erstaunliche Tiere

Die Dromedare können ihre Körpertemperatur so regeln, dass sie +6°C Kälte oder bis zu +42°C Hitze aushalten, sie können in etwa 10 Minuten 100 Liter Wasser trinken, welches sie in drei Mägen bevorraten, sie haben große Füße, die mit lederartiger

Haut überzogen sind und ihnen ermöglichen, sehr lange im heißen Sand oder auf festen Boden zu laufen, und sie können ihre Augen gut vor dem Sand schützen, weil sie sehr lange Wimpern besitzen. Sie können schwere Lasten tragen und sehr schnell rennen. Wirtschaftlich sind diese Tiere also höchst interessant, zumal sie immer noch als Transportmittel durch die Wüsten, z.B. für Salz und Hirse, unentbehrlich und einzigartig sind. Es ist bekannt, dass Dromedare zu Rennen eingesetzt werden, wie bei uns Pferde, und ein Renndromedar durchaus einen Wert von einer Million Dollar erzielen kann. Die besten Tiere werden im Oman gezüchtet und trainiert.
Jockeys bestreiten diese Rennen nicht mehr, denn es waren Kinder, die diese Arbeit ausübten und Kinderarbeit ist heute verboten. Also sind die findigen Besitzer auf die Idee gekommen, Roboter auf die Höcker zu schnallen. Die Dromedare rennen nun mit ihren Robotern über die Bahnen und die Besitzer fahren mit ihren Autos auf den daneben liegenden Straßen und steuern von da aus die Roboter. Auf diese Weise ist das Kamelrennen ein bizarrer Sport geworden.

Dromedare: Wertvolle Tiere für die Wüstenländer

Neben den Renndromedaren werden auch Fleischdromedare gezüchtet, denn das Fleisch wird hier sehr gerne gegessen. Außerdem liefern sie Milch, Leder und Wolle.

Nun wird es Zeit, dass wir wieder zu unserem Schiff zurückkehren, da noch andere Termine auf uns warten. Zunächst fahren wir aber an ockerfarbenen Sanddünen vorbei, die sich imponierend hinter Dattelpalmen und Akazien erheben. Endlich! Auf diesen Anblick habe ich schon so lange gewartet, denn ich liebe die Wüste mit ihren herrlichen Farben und Formen. Heute leuchtet dieser Sand in prachtvoller Schönheit in der warmen Sonne, und es ist dieser Landschaft im Augenblick nicht anzusehen, welche Gefahr durch Sandstürme und verheerende Dünenwanderungen von ihr ausgehen kann. Gottlob erlebe ich hier keine dieser Naturgewalten und ich kann diesen grandiosen Anblick genussvoll in mich aufnehmen.

Bevor ich mich zu meinem verdienten „Feierabend" begebe, muss ich noch die Rettungsübung absolvieren, die für jeden Menschen auf dem Schiff Pflicht ist. Ich lerne, wie ich eine Rettungsweste anlege und erfahre, wohin ich mich begeben muss, wenn das Schiff in Seenot gerät. Auch lerne ich, was ich an wichtigen Dingen einpacke und anziehe. Ob ich noch alles weiß, falls es zu dem Notfall kommen sollte? Ich nehme meine Pflicht sehr ernst, auch wenn ich natürlich davon ausgehe, dass diese schwierige Lage niemals eintreten wird.

Nun eile ich vor dem Essen noch zu einem Vortrag, der sehr wichtig für mich ist. Immer wieder werden Vorträge über Land und Leute angeboten. Heute geht es um die dreitägige Reise in den Iran. Ich habe vor, dort Persepolis und Shiraz zu besuchen und was ich nun höre, lässt mir das „Blut in den Adern" gefrieren. Es ist mir bekannt, dass im Iran strenge Regeln gelten, aber diese gehen mir zu weit. Es gibt eine Religionspolizei, die rigide darauf achtet, dass meine dunkle Kleidung wirklich alles verdeckt, was nach ihrer Meinung nicht sichtbar sein darf. Alle Vorschriften müssen streng befolgt werden und ich bekomme das unangenehme Gefühl, selbst reden ist verboten. Auch muss ich mit weiteren willkürlichen Kontrollen rechnen... Die Fahrt nach Persepolis wird lang, heiß und staubig sein, und ich kann nicht davon ausgehen, dass es im Bus eine Klimaanlage gibt.

Nun ist mir klar, dass ich nicht in Deutschland bin und natürlich Unannehmlichkeiten auf mich nehmen muss, wenn ich Persepolis und Shiraz sehen will, schließlich habe ich mich zu dieser Reise entschlossen. Aber wenn es so offensichtlich ist, dass ich als Gast in diesem Land nicht willkommen bin, ziehe ich mich zurück, auch wenn ich vielleicht einem Vorurteil erliege. Ich sage die Reise nach Persepolis und Shiraz ab, und ich bin nicht die einzige.

Fast wie zum Trost lädt heute der Kapitän zum Cocktail ein, um die Crew vorzustellen, doch ich blicke nur kurz vorbei. Lieber genieße ich ein erholsames Bad und richte endlich meine Kabine wohnlich ein. Auch freue ich mich auf morgen. Ich werde Katar mit seiner Hauptstadt Doha besuchen.

Übrigens habe ich in einem Laden eine für die Hitze und stechende Sonne geeignete Kopfbedeckung gefunden. Sie ist dezent und verdeckt mein Haare zum großen Teil, einen Cowboyhut aus naturfarbenem Stroh.

Katar und Bahrain

Unabhängige Staaten am Persischen Golf - klein aber immens reich

4. Tag
Das Schiff fährt weiter nach Nordwesten und wir müssen unsere Uhr um eine Stunde zurück stellen. Auch wurde ich aufgefordert, meinen Reisepass abzuholen, da ich morgen wieder an Land gehen will. Normalerweise sind die Pässe für die gesamte Reise im Schiffssafe aufbewahrt und ich kann meine Bordkarte als Ausweis für den Landgang benutzen. Wieso nicht hier?

Eigenheiten von Katar

Katar ist das reichste Emirat am Persischen Golf und erlangte 1971 von den Engländern seine Unabhängigkeit. Nicht das Öl, das wohl noch 30 Jahre sprudeln kann, sondern die Gewinnung seines Gases spielt zur jetzigen Zeit die wesentliche wirtschaftliche Rolle. Es wird unter Druck verflüssigt und dann in Tankern vorwiegend nach Japan und China, aber auch nach Amerika befördert.
Ein anderes Standbein hat sich das Emirat mit den Dienstleistungen um Sport und Bankwesen geschaffen. Die Tennisturniere von Doha sind weltberühmt und viele Tennisstars haben hier gespielt. Auch der Reitsport genießt großes Ansehen. 2006 war Doha Gastgeber der Asienspiele und dafür wurden eigens Sportstätten gebaut, die heute noch genutzt werden. Katar bewarb sich sogar für die olympischen Spiele 2016. Leider wurden sie vom IOC nicht zum offiziellen Kandidaten erklärt. Doch dafür wurde entschieden, dass hier 2022 die Fußballweltmeisterschaft stattfinden wird.

Noch etwas ganz besonderes gibt es hier. Nach 1.400 Jahren wurde 2007 in diesem islamischen Land eine katholische Kirche zugelassen und eröffnet - mit dem Namen „Unsere liebe Frau vom Rosenkranz“. Auch der arabische Fernsehsender „Al Jazeera“ hat hier seine Heimat.

Warum also muss ich in diesem offensichtlich weltoffenen Land meinen Reisepass vorzeigen, anstatt mit meiner Bordkarte an Land zu gehen?
Der Grund offenbart sich in der geografischen Lage dieses Emirats. Es liegt isoliert auf einer Halbinsel und die einzige Landesgrenze teilt man sich mit Saudi-Arabien. Diese Grenze wird zur Infiltration von Terrorgruppen genutzt, eine heimtückische und nicht zu unterschätzende Gefahr für dieses Land. Personenkontrollen sind somit dringend geboten.

Ich nehme also meinen Reisepass in die Hand und warte ängstlich auf die Dinge, die auf mich zukommen. Die Kontrollen gehen jedoch zügig vonstatten. Ich zeige einige Male den Pass vor, mein Handgepäck wird durchgeschaut, und ich gehe durch eine Schleuse. Das Verhalten des Personals ist so freundlich und es ist trotz der strengen Kontrollen, die sie ausüben, über jeden Zweifel erhaben, sodass ich niemals auf den Gedanken komme, in diesem Land nicht als Gast willkommen zu sein. Die meisten Kontrolleure sind Frauen, die zwar Kopftücher tragen, aber ihre Gesichter sind frei von Verhüllungen.
Nun sitze ich hinten im Bus auf „meiner“ Sitzreihe und harre der Erlebnisse, die ich nun frohgemut genießen kann. Zuerst fahren wir zu den Sportstätten, die außerhalb von Doha liegen. Die Fahrt führt an alten Straßenzügen vorbei, an denen kleine Geschäfte und Handwerksbetriebe dicht nebeneinander liegen. Hier findet das Leben auf der Straße statt und die Dächer sind mit einem Meer von Satellitenschüsseln bedeckt.

Noch gibt es das: Das unverfälschte Dorf vergangener Tage, wenn auch nur selten und - wie ich vermute - nicht mehr allzu lange.

Je näher wir zum Stadion kommen, umso deutlicher ändert sich der Charakter der Straße, denn ich sehe endlose Züge von neuen und weißgetünchten Reihenhäusern. Alle sehen gleich aus und es ist keine Grünfläche umd kein anderer Farbtupfer zu erkennen. Trostlos. Ich erfahre, dass hier die Gastarbeiter wohnen. Das einzige belebende Element in dieser Eintönigkeit sind originelle futuristische Gaslampen, die diese Straße säumen.

Nun ist es nicht mehr weit bis zu unserem ersten Ziel, den Sportstätten von Doha, und dieser Platz ist mit seinen Gebäuden eine Augenweide. Berühmte Architekten aus aller Welt haben hier ihrer Phantasie freien Lauf lassen können. Dabei habe ich das Gefühl, dass dem Stadion die „Schwangere Auster" von Berlin als Vorbild galt, denn das Gesamtbild hat den gleichen Schwung und eine ähnliche Form. Die Bögen sind jedoch aus schmalem Stahl gebaut, und in einem Bogen ist eine Tribüne eingelassen. Der andere Bogen wird mit Stahlstreben und Glas stabilisiert. So wirkt diese Stätte leicht und dynamisch.

Daneben steht ein Hotel der besonderen Art. Der Mittelpunkt dieses Gebäudes ist ein runder, beigefarbiger Schacht, in dem der Aufzug verläuft und ganz oben mit einem runden zweistöckigen Wohnkomplex abgeschlossen wird. Um diesen Schacht sind in unterschiedliche Abständen und mit mehreren Stockwerken runde Wohnkomplexe herum gebaut; in blauer Farbe. Dieses merkwürdige Gebilde wird nun mit einem filigran gebauten „Netz" aus Stahl und Glas umgeben, das mit konkaven Schwung nach oben führt, und diese Wohneinheiten schimmern wie kleine Kunstwerke durch dieses „Netz" hindurch. Das „Netz" endet wie ein spitzer Kragen, der den obersten Wohnkomplex in sich einbettet. Ein geniales Bauwerk!

Daneben liegt die Eishalle, deren Merkmal ein blauer „Hütchen-Turm“ ist.
Das Prachtstück dieses Platzes aber steht davor. Es ist eine Skulptur aus Bronze. Auf einem aufgeschlagenen Buch stützen sich zwei Arme auf, die mit ihren geschlossenen Handgelenken einen Ring bilden. Auf den ausgebreiteten Händen liegt eine bronzene Kugel, auf der reliefartig eine exakte Karte unseres Globus hervorgehoben wird. Diese Skulptur vermittelt der Sportjugend aus aller Welt auf wunderschöne Weise, dass sie in diesem islamischen Land herzlich willkommen ist. Ich finde die Skulptur hinreißend!
Nicht weit entfernt von hier liegt die Reitanlage, die unser nächstes Besichtigungsziel ist. Der erste Eindruck wird von einer bunten Blumenrabatte bestimmt. Dahinter stehen mehrere Bauwerke aus Stein, in deren Wänden islamische Ornamente eingearbeitet sind. Andere Gebäude bekommen durch dezente blaue Glasflächen einen lebendigen Charakter, und auch ein Kuppelgebäude fehlt nicht. Über dem Haupttor ist der Name der Reitanlage in lateinischen und arabischen Schriftzügen eingraviert und darüber prangen die fünf olympischen Ringe.
Ich finde es wirklich schade, dass Katar bei der Ausschreibung der Olympische Spielen nicht berücksichtigt wurde. Natürlich gibt es auch eine Reitbahn mit einer Tribüne für die illustren Gäste und eine Reithalle.
Bemerkenswert aber finde ich die Reitställe. Jedes Pferd hat seine eigene Luxuskabine, die mit sauberem Stroh ausgelegt ist. Die Wände sind mit edlem, braunem Holz ausgekleidet, und es gibt ein Pferdeschwimmbad, sowie ein saubere Waschanlage für diese Tiere. Ja, diese Anlage hat Stil!

Unser nächste Ziel ist der Souk von Doha, und wir fahren durch eine öde Sandfläche, in der plötzlich ein „sehenswertes Einzelstück“ wie aus dem Nichts auftaucht. Wie wir von unse-

Heimatliche Fassade im Souk von Doha

rem Reiseleiter erfahren, ist es der Teil einer amerikanischen Universität, und zwar die medizinische Fakultät. Auch dieser Bereich gehört zu Doha und die Stadt wirkt auf mich so „unfertig“ und noch nicht zusammengewachsen. Sehr eigenartig.
Als wir an unser Ziel gelangen, fällt mir als erstes ein erstaunliches und wieder sehr „luftiges“ Gebäude auf: Ein Turm, der oben mit einem Käfig, auf dem ein Windmesser steht, abgeschlossen ist. Um ihn herum windet sich eine Mauer wie eine Wendeltreppe hinauf, die aus Sandstein mit dezenten, beigen und hellbraunen Streifen erbaut ist. Wunderschön.
Ein anderes Merkmal dieses Platzes ist ein rechteckiger Uhrturm, ein Kleinod der arabischen Baukunst und ein Wahrzeichen von Doha.
Durch ein altes Stadttor erreichen wir den Souk, und hier wähne ich mich sogleich in einer anderen Welt. Ich befinde mich in einer großen Fußgängerzone, von der aus überdachte Gassen, Plätze und Ladenzeilen abgehen. Wunderschöne Häuserfassaden mit Galerien säumen die Zone, und Cafés laden zum Ausruhen ein. Diese Cafés sind wie „mein Wohnzimmer“ eingerichtet. Der Gast kann sich auf breiten Sofas und Sesseln

hinsetzen, die mit roten, bunten Rauten und Streifen verziertem Webstoff bezogen sind, sowie um große Tische herum stehen. Diese Cafés wirken sehr gemütlich und komfortabel. Diese Art von Komfort sehe ich auch an entlegenen Straßenecken, an Häusern und in den überdachten Gassen. In den Ladenzeilen empfangen mich Geschäfte mit prächtigen bunten Stoffen, Schmuck, aber auch billigen Plastiklatschen. Auf einigen versteckten Borden sind Wasserpfeifen aufbewahrt, die auf ihre Verbraucher warten, und ein einzelnes halbrundes, buntes Glasfenster über einer reich verzierten Tür macht mich schon hier mit einer Art des Kunsthandwerks vertraut, für das der Jemen berühmt ist.
Abgerundet wird der Bummel durch dieses Viertel mit dem Besuch eines kleinen Museums, in dem ich den stolzen und schönen Vogel, den Falken, in seiner ganzen Pracht bewundern darf, lebendig und ohne Kappe.
Besonders anrührend finde ich das Konterfei des Scheichs von Katar. Mal kann ich es in einem Laden als Inhalt eines Buches, auf einer ausgebleichten Postkarte oder als Poster kaufen, mal schmückt es die Wände oder prangt über den Türen, die mit

Falke: Symbol für Männlichkeit, Ausdauer und Kraft

von Ornamenten geschmückten roten Stoffen eingerahmt sind. Das Bildnis ist allgegenwärtig.
Ohne Hast und begeistert von der heimatlichen Atmosphäre schlendere ich lustvoll durch das Viertel.
Das nächste vorgesehene Ziel ist das Nationalmuseum von Katar, aber wir können es nicht besuchen. Die ganze Umgebung ist aus Sicherheitsgründen abgesperrt, denn heute heiratet ein Prinz, und der Regierungspräsident von Algerien ist zu Gast. Also kehren wir schon jetzt zu unserem Schiff zurück.
Während der Rückfahrt merke ich langsam, wie anstrengend diese Besichtigungen sind, und ich bin müde. Aber noch komme ich nicht zur Ruhe. Ich wunderte mich schon etwas, dass ich noch keines der modernen Hochhäuser gesehen habe, aber natürlich gibt es auch hier eine eindrucksvolle Skyline. Sie liegt wieder in der Umgebung der Corniche und hier kann ich sehen, wie die Häuser mitten in die Wüste gestellt wurden, denn noch sind riesige Sandflächen zu sehen, auf denen später sicher sehr schöne Hochhäuser stehen werden. Es ist immer wieder eine Augenweide, mit welchem Einfallsreichtum diese Häuser gestaltet sind, und meine Augen quellen vor Wonne über.
Die Fahrt auf der Corniche führt am türkis-grünem Wasser des Hafens entlang und wieder faszinieren mich die Rondelle, die mit Blumenrabatten und wieder einmal mit der Skulptur einer Kaffeekanne geschmückt sind. Auch sehe ich einige wunderschöne, bunt bemalte Flächen an einer Mauer, die die Straße vom Meer abgrenzt. An der Uferpromenade laufen vereinzelt Menschen in ihrer traditionellen Kleidung entlang, und ein kleines, rotes Boot belebt das Wasser.
Das Prachtstück dieses Ortes aber ist das neue „Museum für Islamische Kunst“. Es liegt am Eingang des Hafens und im Augenblick kann ich durch die engstehenden Palmen an der Straße nur einen kleinen Teil des Baus sehen. Erst, als die Ansicht zum Hafen frei ist, sehe ich die ganze Schönheit dieses

Gebäudes. Malerische Dhaus, die im Wasser liegen, erhöhen die Ausstrahlung dieses reizvollen Panoramas.
Auch das Museumsgebäude selbst ist bemerkenswert. Ich sehe keinen Kuppelbau, sondern es scheint so, als wenn rechteckige Sandsteinblöcke in unterschiedlichen Höhen und Durchmessern ineinander verschachtelt sind, und so dem Bau einen dynamischen Charakter verleiht. Nur ein quadratischer und blauweißer Turm, der sich nach oben über ein schräges, weiß glänzendes Dach verjüngt, bildet eine harmonische Einheit in diesem Gewirr von Blöcken und ist der Ruhepol des Komplexes. Ich finde dieses Bauwerk grandios!
Ohnehin bin ich immer wieder verzaubert von der Schönheit der vielfältigen Baukunst, die ich hier bisher gesehen habe. Ich konnte mir nicht vorstellen, dass mich eine überdimensionale Gestaltung von Städtebau in irgendeiner Weise berühren würde. Hier, in den Emiraten am Persischen Golf ist dies aber der Fall, und ich bin außerordentlich überrascht und überwältigt von meinen Empfindungen. Vor allen Dingen das Wechselspiel zwischen den „Hochglanzhäusern“ und der traditionellen Baukunst überzeugt und entzückt mich, und es weckt keinen Widerspruch in mir. Diese gegensätzlichen Bauwerke haben nach meinem Gefühl nämlich eines gemeinsam: Charisma und Stil!
Schnell fällt die Nacht dunkel auf das Schiff, und ich genieße nach einem wunderbaren Tag noch die bunt beleuchtete Skyline von Doha.

Bahrain

5.Tag
Das Schiff fährt durch die Nacht weiter nach Norden und morgen früh werden wir Bahrain erreichen. Immerhin habe ich meine Kabine nun schon eingerichtet, aber vom Schiff

habe ich bisher nur den Speisesaal sowie die Räume kennengelernt, in denen die Platzkarten ausgegeben und die Vorträge gehalten werde. Auch heute lerne ich das Schiff nicht näher kennen, denn ich werde den ganzen Tag in Bahrain unterwegs sein.

Eigenheiten von Bahrain

Bahrain ist heute eine konstitutionelle Monarchie und ein Staat mit 33 Inseln im Persischen Golf. Das Wort „Bahrain" bedeutet im Arabischen „Zwei Meere", und in diesen zwei Meeren liegt auch der Inselstaat. Einerseits ist es von salzigem Meer umgeben, aber auch von einem „Meer von Grundwasser". Hier gibt es nämlich Brackwasser, Wasser mit nur 0,1 - 1% Salzgehalt, was den Menschen einen leichten Zugang zu Trinkwasser bietet, einen vielfältigen Fischreichtum sowie Süßwasserperlen. Zwar sind auch hier die Haupteinnahmequellen Öl und Gas, aber Bahrain hat sich durch eine Vielfalt von Produkten auf eine sehr breite Wirtschaftsbasis aufstellen können. Der Inselstaat ist eines der wichtigsten Finanzzentren im Nahen Osten, der Schiffsbau und eine eigene Autoindustrie sind bedeutend, es gibt Aluminiumwerke und die Waren aus der Textilindustrie werden vorzugsweise in die USA verkauft. Erträge aus der Landwirtschaft werden exportiert, wie z.B. Datteln, und die Fischereiwirtschaft nimmt große Dimensionen an.

Der Massentourismus ist nicht sehr verbreitet, denn es gibt hier kaum Sandstände, die Touristen aus der westlichen Welt suchen. Dafür ist Bahrain bei den Reichen sehr beliebt. Vor allen Dingen die Menschen aus dem Nachbarstaat Saudi-Arabien kommen gerne hierher. Nicht nur, weil hier exklusives Wellness von Ayurveda bis Spa angeboten wird, sondern auch, weil in Bahrain Alkohol ausgeschenkt werden darf.

Allein die Perlen haben hier keine besondere Bedeutung mehr, seitdem Zuchtperlen den Weltmarkt bestimmen.

In Bahrain haben sich die Assyrer, Sumerer, Beduinen, Perser, Portugiesen und Türken zeitweise aufgehalten und ihre Spuren hinterlassen. 1783 erkämpfte sich der Araber Al-Chalifa von den Persern die Hoheit über dieses Land und gründete eine Dynastie, die heute noch herrscht. Nach vielen Wirren übernahmen 1867 die Engländer die Vorherrschaft und übergaben 1971 dieser Dynastie endgültig die Unabhängigkeit für ihr Land. Immer wieder muss aber ihre Freiheit wachsam verteidigt werden, denn der Iran erhebt nach wie vor Anspruch auf dieses Gebiet, da die meisten Bahrainer dem schiitischen Islam angehören. Der iranische Schah Reza Pahlewi hat Bahrain zwar schon im Jahre 1970 offiziell anerkannt, aber diese Anerkennung wurde 1979 durch eine neue Regierung wieder aufgehoben. So ist es nur logisch, dass dieser Staat den USA einen Militärstützpunkt für ihre Flotte und Fliegerstaffel zur Verfügung stellte.

Der Reisepass liegt wieder im Safe und nun betrete ich wie gewohnt mit meiner Bordkarte einen Boden, auf dem sich diese 4.000 Jahre alte Geschichte ereignet hat. Unsere erste Besichtigung gilt dem Nationalmuseum in Manama, der Hauptstadt von Bahrain. Zuerst bewundere ich den großen Platz am Eingangstor und entdecke wunderbare dunkelblaue Blumenspaliere, bunte Beete mit Steinmosaiken und Skulpturen. In der Eingangshalle prangt ein mit weißen Orchideen belebtes Bildnis des Monarchen und im Museum erwartet mich das vielfältige Gesicht der alten Geschichte. Ich sehe einen jahrtausendealten Grabhügel, einen interessanten Dinosauriersaal sowie antike Tongefäße, Siegel aus Speckstein, Schmuck, Getreide und Perlen. Ich entdecke sogar an einer weißen Wand in einem Gang vier kleine Gemälde mit

heutiger moderner Kunst - und ich finde in einer Vitrine Datteln in drei verschiedenen Farben, gelb, braun und rot.
Anschließend fahren wir durch die Stadt, die einen sehr bürgerlichen und gewachsenen Eindruck auf mich macht. Ich sehe normale Wohnviertel mit schönen Häusern und Plätzen, aber natürlich auch sehenswerte Hochhäuser, wenn auch nicht so spektakuläre wie anden vorherigen Stationen dieser Reise. Wir erreichen das Arad Fort, das direkt am Wasser liegt.

Das Arad Fort

Es ist nicht klar überliefert, wann und vom wem das Arad Fort erbaut wurde, aber sicher ist, dass es von den Portugiesen als Depot für den Nachschub ihrer Truppen genutzt wurde, denn die strategische Lage des Fort ist sehr gut. Es liegt direkt an der Wasserstraße, die die Insel Muharrag vom Festland trennt. Hier konnte früher für 300 Soldaten 3 Monate lang Proviant gelagert werden. Es ist von einer dicken Mauer umgeben, und zusätzlich wird es von einem Graben beschützt. In die Mauern sind Wehrtürme eingearbeitet und Zinnen grenzen die flachen Dächer von den Wohnräumen und Silos ab. Fenster und Schießscharten erscheinen wie kleine schwarze Flecken in dem riesigen Gemäuer. Vor etwa 30 Jahren war das Fort durch die Beschädigungen des Salzwassers so zerstört, dass das Gemäuer aufwendig restauriert wurde - ausschließlich mit traditionellen Baumaterialen wie Korallen-Stein, Sand, Kalk und Baumstämmen. Heute ist das Arad Fort die touristische Attraktion von Bahrain. Außerdem ist es ein beliebter Veranstaltungsort für musikalische Aufführungen.

Ich betrete nicht die Brücke, die über einen Wassergraben in das Arad Fort führt, sondern schaue lieber in die Umgebung. Neben dieser Festungsanlage sehe ich ein altes Wohngebiet, dem ein großer Garten für Gemüseanbau und Reihen von Treibhäusern angeschlossen sind. Mir gefällt ganz besonders ein Wohnkomplex, der direkt vor meinen Augen liegt. Obwohl die Gebäude alt und verfallen aussehen, haben sich die Menschen hier ihre eigene heitere Welt geschaffen. Die alten Wände sind mit bunten imaginären Torbögen, grün blühenden Landschaften und anderen Ornamenten bemalt. Auf den Dächern stehen Zisternen aus großen tönernen Gefäßen, in denen das gesammelte Wasser durch kleine Leitungen in die Wohnungen geführt wird. Auch diese Gefäße sind fantasievoll bemalt. Wenn dieses Gebäude selbst auch alt ist und die Malereien nicht von ausgesuchten Künstlern hergestellt wurden, so finde ich, hier ist ein Kunstwerk in seiner lebendigen und besonderen Art entstanden.

Natürlich besuchen wir auch hier Dromedare, die auf einer kleinen Farm untergebracht sind. Sie ist mit einer modernen Mauer eingezäunt, die den ländlichen Charakter einer Farm vermissen lässt. Deshalb wende ich mich der Oase zu, die daneben liegt. Der Eingang zu dieser Oase ist wunderschön. Das Tor

Alte und moderne westliche Einflüsse

besteht aus kunstvollem Schmiedeeisen, das zwischen zwei imposanten runden Türmen befestigt ist. Diese Türme sind aus dem von mir so geliebten Sandstein erbaut, der ockerfarben getüncht und am oberen Rand mit lehmroten Mustern geschmückt ist. Das Tor eröffnet mir den Blick auf einen malerischen Weg zu einer riesigen Plantage, auf der Zitronen- und Orangenbäume sowie Dattelpalmen wachsen. Ich möchte hier so gerne erforschen, warum Datteln drei Farben haben können, aber ich darf diese private Plantage natürlich nicht betreten, um mir die Datteln genau anzuschauen. Unser Reiseleiter erzählt mir, dass die drei Farben der Frucht mit ihrem Alter zusammenhängen.

Die Dattel

Diese Nutzpflanze ist wirklich etwas ganz Besonderes, und nur die Früchte werden exportiert. Meistens aber wird alles, was von dieser Pflanze genutzt werden kann, im eigenen Land verwertet. Mit nur drei Früchten am Tag kann man für kurze Zeit in der Wüste überleben und sie werden getrocknet oder frisch gegessen. Andere Produkte aus dieser Frucht sind Öl, Essig, Honig, Brot oder Sirup. Der berühmte Arak Schnaps ist ein Schnaps, der aus Palmwein vergoren wird. Dieser Palmwein wird gewonnen, indem man die männlichen Blütentrauben der Palme beim Erscheinen der ersten Frucht drei Tage hintereinander mit einem kleinen Stöckchen peitscht, dann die Trauben über der Basis abschneidet und den auslaufende Saft auffängt. Dieser süße Palmwein vergärt sehr schnell zu Alkohol. Die Palmblätter eignen sich hervorragend für die Herstellung von primitiven Hütten, Matten, Windschutzanlagen und Dächern, und die Fasern aus den Blattstielen werden zu Besen und Seilen verarbeitet.

Es gibt 14 verschiedene Arten von Dattelpalmen, die von den Kanarischen Inseln im Atlantik über Afrika, Hongkong, die Philippinen bis nach Nordsumatra anzutreffen sind.
Die „echte Dattelpalme“ hat ihren Ursprung im Orient, und sie ist bis in die Archive von Mesopotamien zurück zu verfolgen. Sie erreicht eine Höhe von 15 - 20 Metern und die Blätter, die aus dem oberen Ende des Stammes herauswachsen, sehen wie 3 - 5 Meter lange, gefiederte Blattwedel aus, etwa so, wie die Farnblätter bei uns. Die Dattelbeeren hängen in traubenartigen Fruchtständen an den Blattansätzen herunter und sie können erst nach 5 - 6 Jahren zum ersten Mal geerntet werden. Diese Wüstenpflanze braucht viel Sonne und im Sommer auch viel Wasser. Ansonsten ist sie anspruchslos und mit einem nährstoffarmen Boden zufrieden. Sie kann 80 - 100 Jahre genutzt werden und der Gewinn einer Ernte beträgt etwa 100 Kilo Beeren.

Hier darf ich eine dieser getrockneten Datteln probieren, und ich muss sagen, ich finde sie köstlich, obwohl sie sehr süß ist und ein etwas mehliges Gefühl auf meiner Zunge hinterlässt. Ich kann es nicht glauben, aber diese eine Frucht sättigt mich wahrhaftig im Nu für eine lange Zeit.

Nun erlebe ich den Höhepunkt des heutigen Tages, den Grenzübergang zu Saudi-Arabien. Die Grenzposten selbst liegen auf einer Insel, die nicht besonders sehenswert ist. Auf ihr stehen zwei Aussichtstürme, auf jedem Staatengebiet einer, eine Moschee und noch einige unbedeutende Gebäude. Das Café im Turm von Bahrain ist ungemütlich, aber immerhin gibt es etwas zu trinken, wenn auch merkwürdigerweise kein Wasser.
Atemberaubend schön ist der Blick, den ich auf die elegant geschwungenen Straßendämme des „King Fahd Causeway“

habe, der von Bahrain über diese Insel nach Saudi Arabien führt. Auch die Farben des Wassers, das uns umgibt, sind herrlich. Mal ist das Wasser tiefblau, mal türkis-grün und mal ist es durchzogen mit fliederfarbenen und weißen Fluren. Das Gewässer scheint hier sehr flach zu sein, denn es bewegt sich überhaupt nicht, und der helle Sand schimmert hindurch. Manchmal unterbrechen kleine, unbewohnte Inseln diese spiegelglatte und vielfarbige Wasserfläche. Je länger wir hier verweilen, desto wärmer wird es, und die aufsteigende Hitze des Wassers hüllt die gewölbten Erhebungen des Dammes und seine Umgebung in eine stimmungsvolle und mystische Atmosphäre. Ich bin hingerissen von der Schönheit dieses Augenblicks!

Etwas abseits an einem steinigen Strand erholt sich eine indische Familie und der Anblick ihrer ungewöhnlich bunten Kleidung, ihren fremden und attraktiven Gesichtszügen sowie ihren schwarzen Haare erfreuen mein Gemüt. Es ist doch schön anzusehen, wenn Frauen nicht nur in schwarzer Kleidung und tief verschleiert herum laufen.

Auch dieser Tag neigt sich dem Ende zu und wir fahren über den elegant geschwungenen Straßendamm nach Manama und zum Schiff zurück, für das ich mir nun endlich mal etwas mehr Zeit nehmen möchte.

Der Iran

Gefühle der Beklemmung - aber auch Tage der Erholung auf See

6.Tag
Heute Nacht überquert das Schiff den Persischen Golf nach Osten und morgen früh erreichen wir Bushehr im Iran. Die Stadt ist einst berühmt geworden, da dort ein umstrittenes Atomkraftwerk steht, das schwere weltpolitische Spannungen ausgelöst hat. Von hier aus beginnt die Reise nach Shiraz und Persepolis, und in Bandar-e Abbas werden die Landgänger übermorgen wieder eingeschifft.
Ich muss meine Uhr umstellen - um eineinhalb Stunden vor. Es ist schon aufregend, sie innerhalb von wenigen Tagen immer wieder anpassen zu müssen. Es ist, als könne man die Bewegung der Erde unmittelbar miterleben. Das Schiff pendelt in einer Zeitzone hin und her, mal nach Osten und mal nach Westen. Da ich jetzt nach Osten gefahren werde, bewegt sich das Schiff mit der Drehung der Erde nach vorne. Ich spüre natürlich nicht körperlich diese Bewegung, aber im Geist kann ich sie durch die kurzfristigen Zeitumstellungen nachempfinden.
Für derartig irrationale Gedanken habe ich nun Muße. Ich werde sie zu einer ausgiebigen Erholung nutzen, denn mir wird immer mehr bewusst, wie mich die fremden und eindringlichen Wahrnehmungen körperlich und im Geiste erschöpfen - und der Höhepunkt meiner Reise, die Tage im Jemen, erwarten mich noch. Ich werde nach diesen Erfahrungen also sehr achtsam mit meinen Kräften umgehen, ohne irgendetwas auszulassen, was mir wichtig ist.
Natürlich schaue ich mir das Schiff dennoch etwas genauer an, aber es gibt für mich nicht allzuviel zu erobern. Ich befinde mich auf einem „alten Kahn", der etwa 600 Passagiere beher-

bergt und nach dieser Reise ausgemustert wird. Er ist also überschaubar - und das gefällt mir sehr gut. Die Hauptgänge zu den einzelnen Kabinen sind breit und großzügig. Zusätzlich muss ich zu meiner Außenkabine noch durch eine schmalen und abgewinkelten Gang gehen. Sie liegt somit etwas versteckt und das hat einen großen Vorteil: Es ist hier ruhig. Ich höre keine Geräusche aus der Nachbarschaft, und auch die Klänge von den offensichtlich unvermeidlichen und lärmigen Events dringen nicht bis hierher vor.
Oh, wie ist das herrlich! Dieses Domizil wird auf dem Schiff mein Ort der Ruhe.
Die Kabine ist groß und hat ein Bad, eine Dusche und ein Bullauge, welches ich öffnen kann. Salzige Seeluft ist somit immer gewährleistet. Ebenso steht mir ein Radio zur Verfügung, aber das benutze ich nie. Ich halte jedoch den Sender immer auf Empfang, damit ich wichtige Nachrichten vom Kapitän mitbekomme.
Auch das Restaurant, in dem ich meistens esse, gefällt mir sehr gut. Es ist etwas altmodisch und „plüschig" eingerichtet, in kleine Abteile aufgeteilt, und es hat kein natürliches Licht. Aber genau durch diese Eigenschaften wirkt es urgemütlich. Das Personal ist freundlich und aufmerksam. Sehr schnell ist bekannt, dass ich morgens außer Kaffee mit frischer Milch immer Tomatensaft und sonst nur Mineralwasser trinke, und diese Getränke stehen immer bereit. Es erhöht mein Wohlbefinden aufs Angenehmste. Für mich ist das Essen nicht so wichtig, aber es ist abwechslungsreich und gottlob gibt es mittags und abends nur ein Drei-Gänge-Menü. Ich kann auch zwischendurch im Lido Café etwas essen, aber diesen Service nutze ich nie.
An den Erholungstagen auf See bin ich zumeist auf den Außendecks und liege in der immerwährenden und heißen Sonne, um mich zu erholen. Ich liebe auch den Wind, und so brauche ich dort nicht unbedingt einen windgeschützten Platz. Er ist

sowieso nicht einfach zu finden, denn jeden Tag gibt es einen unwürdigen Kampf um die Liegestühle. Sie werden schon vor dem Frühstück mit Handtüchern besetzt, obwohl sie oft sehr viel später benutzt werden. Auch sonst lässt mich das Verhalten der Menschen an der Zivilisation zweifeln, wenn ich mitbekomme, dass sich manche wie „Kesselflicker“ um „Besitzstände“ von Sonnenschirmen oder Stühlen streiten.
Vielleicht ist mir ein derartig egozentrisches Verhalten aber auch deswegen so unangenehm, weil mir in der arabischen Welt die zurückhaltende und gelassene Ausstrahlung der Menschen so wohltuend entgegen kommt, und ich diese authentische Stimmung außerordentlich genieße.
Ich suche mir jeden Tag geduldig neue Plätze und lerne so das Promenadendeck, Sonnendeck und Lido-Deck kennen. Auch wenn ich die Sonne liebe, schütze ich mich vernünftigerweise vor ihrer erbarmungslosen Wirkung und auch vor der salzigen Seeluft, indem ich in voller Montur und oft auch mit meinem Cowboyhut auf dem Liegestuhl verweile. Ich habe einmal in meinem Leben einen Sonnenstich gehabt, von Sonnenbränden ganz zu schweigen. Wahrscheinlich erklären mich meine Mitreisenden für verrückt oder betrachten mich als Exot, aber was macht das schon. Ich will meine Reise genussvoll und gesund erleben.
Ab und zu höre ich mir einen Vortrag an, und dies tue ich ausgesprochen gerne. Er findet immer in einem kleinen und urgemütlichen Theater statt, in dem man von allen Plätzen sehr gut sehen und hören kann.
Die Bars oder andere vorhandene Stätten wie Sportdecks oder Musiksalons, lerne ich nicht kennen, weil sie mich nicht interessieren. Ich liebe die Beschaulichkeit und betrachte ein Kreuzfahrtschiff wie ein schwimmendes Hotel, welches mich geruhsam und mühelos zu meinen Traumzielen bringt.
Heute Abend mache ich noch einen kleinen Spaziergang an Deck. Die Luft ist jetzt kühl und frisch, und ich wundere mich,

dass ich mich fast alleine dort befinde. Nur ein paar Menschen vom Personal erholen sich hier kurz von ihrer harten Arbeit an Bord. Es ist erst 18:30 Uhr und schon stockfinstere Nacht. Man merkt unweigerlich, dass wir uns in der Nähe des Äquators befinden, an dem es keine Dämmerung gibt, sondern die Dunkelheit sofort eintritt. Auch sehe ich keine Sterne, was natürlich sehr schade ist.

7. Tag

Nun nähert sich das Schiff der Küste des Iran und ich sehe einige Ölplattformen, die aber nicht besonders imposant aussehen. Über Lautsprecher wird uns mitgeteilt, dass wir hier nicht fotografieren dürfen, weder diese Plattformen, noch irgendwelche Schiffe oder Sehenswürdigkeiten in Häfen. Auch wird uns gesagt, dass wir uns hier nur verschleiert auf Deck bewegen dürfen. Wir werden sogar von einem Kriegsschiff begleitet.

In den Hafen von Bushehr können wir nicht einfahren, da das Wasser für das große Schiff zu seicht ist. So liegen wir auf Reede und die Gäste für die Reise nach Shiraz und Persepolis müssen in Tenderbooten an Land gebracht werden. Für sie ist nun Geduld angesagt, denn es beginnt die Zeit des Wartens und der Kontrollen.

Angeblich soll im Hafen die Religionspolizei wirklich auf sie warten, die Kleidung überprüfen und sie gegebenenfalls zum Neukauf angemessener Gewänder zwingen - aber ich sollte später niemals erfahren, ob diese Aussage stimmt. Überhaupt erfahre ich von niemandem irgendetwas über diese drei Tage, obwohl ich viele Reisende wissbegierig frage. Das finde ich höchst seltsam, zumal sie Signale aussenden, als gäbe es nichts zu erzählen und sie wirklich nichts erlebt oder gesehen haben. Die Menschen jedoch sehen nun mal mit ihren Augen verschiedene Dinge und empfinden sie mit unterschiedlichen Sinnen.

Wie dem auch sei, diese Begebenheit bestärkt mich jedenfalls in meinem Gefühl, dass es für mich richtig war, diesen Ausflug abzusagen. Ich haderte einige Zeit mit meiner Entscheidung, aber nun vermute ich, dass es einen tieferen Grund gab, dass der Vortrag vor einigen Tagen mich und andere Gäste von diesem Landgang zurückschrecken ließ. Ich bereue meine Absage nicht mehr, und ich bin wieder mit mir im Reinen.
Andere Ausflüge werden hier nicht angeboten, und so verlässt das Schiff sofort den Ort und fährt weiter an der Küste entlang nach Süden. Übermorgen früh werden wir Bandar-e Abbas erreichen. Ich pflege nun zwei Tage lang den Müßiggang an Bord und trage kein erzwungenes Kopftuch.
An den Ruhetagen nutze ich immer wieder die Zeit, in meinem Tagebuch Notizen zu machen. Heute schreibe ich viele meiner Gedanken über das für mich befremdliche Leben der Frauen im Islam auf, und ich versuche, die sachlichen Berichte der einheimischen Reiseleiter an allen Orten der Reise einzuordnen und zu verstehen. Diese Erläuterungen stimmten mich außerordentlich nachdenklich.

Der Islam und die Frauen

Der „Vater des Islam" Mohamed hat in seinen religiös-islamischen Gesetzen festgelegt, dass Männer bis zu vier Frauen heiraten dürfen, und das hatte einen handfesten Grund. Da viele Männer damals in kriegerischen Auseinandersetzungen ihr Leben verloren, blieben ihre Frauen mit den Kindern unversorgt und ungeschützt zurück. Dieses Gesetz hat sich bis in die heutige Zeit erhalten, aber es wird nicht mehr oft genutzt, da der Lebensunterhalt für mehrere Frauen und mehrere Kinder für einen Mann sehr teuer ist. Doch der Mann ist nach wie vor für die vollständige Versorgung der Frauen und Kinder verantwortlich.

Die Suche nach einer richtigen Frau führen die Mütter der Söhne durch, nicht die Väter. Wenn die Mutter eine angemessene Frau gefunden hat, und es geklärt ist, dass sie noch Jungfrau ist, verhandeln die betroffenen Familien über einen Ehevertrag und die Brautgabe, im arabischen „al Mahr" genannt. Bei diesen Verhandlungen hat die Braut ein maßgebliches Mitspracherecht. Sie kann z.B. den Bewerber ablehnen oder den Hochzeitstermin bestimmen. Sie hat ein Recht auf eigene Räumlichkeiten, wie etwa ein eigenes Haus oder eigene Wohnräume, da es Sitte ist, dass Männer und Frauen getrennt voneinander leben. Sind die Verhandlungen zur Zufriedenheit aller beendet, findet ein sechstägiges Fest statt, bei dem es keine Seltenheit ist, dass 300 Gäste aus beiden Familien eingeladen werden.

In den weltoffeneren Staaten der VAE, Katar, Bahrain oder dem Oman lernen sich die Paare inzwischen auch mal in Diskotheken oder in der Universität kennen. Im Islam sind zwar intime Beziehungen vor der Ehe nicht erlaubt - das gilt für beide Geschlechter gleichermaßen - aber freundschaftliche Begegnungen werden zugelassen. Bei diesen Begegnungen legen die Mädchen großen Wert darauf, ihre Verschleierung zu tragen, denn so sind sie vor begierigen Blicken – besonders dem Anblick von Haaren wird außerordentliches Begehren zugeschrieben - und anderen Anzüglichkeiten geschützt. Darunter tragen sie die gleiche Kleidung wie wir, auch schminken sie sich und tragen Schmuck.

Übrigens, den Männern wird in den religiösen Gesetzen des Islam ebenfalls nahe gelegt, traditionelle Kleidung zu tragen, um somit ihre männliche Körperlichkeit zu verdecken.

Frauen können sich scheiden lassen. Aber eine Scheidung gilt als verabscheuungswürdig, und sie wird nur als letztes Mittel bei unüberwindbaren Differenzen angesehen. Vorher hat ein Vermittler aus beiden Familien die Aufgabe, eine einvernehmliche Lösung zu erzielen. Gelingt das nicht, geht die Frau zur elterlichen Familie zurück. Die Kinder bleiben bei dem

Versorger, also dem Vater; nur Säuglinge, die gestillt werden müssen, bleiben bei der Frau. Aber sie hat bei Mädchen das Sorgerecht bis zur Pubertät oder ihrer Heirat, aber bei den Söhnen höchstens bis zur Pubertät. Sie nimmt ihre Brautgabe und auch ihr eventuell vorhandenes Vermögen mit, über welches sie auch in der Ehe frei verfügen kann. Sie ist in keiner Weise verpflichtet, zur Versorgung der Familie beizutragen.
Witwen tragen drei Tage lang weiße Kleidung und dann mindestens 40 Tage lang schwarz, eventuell auch ihr Leben lang. Will sie wieder heiraten, muss sie 130 Tage warten, denn so ist gewährleistet, dass sie nicht von ihrem verstorbenen Mann schwanger ist.
Frauen haben im Islam die gleichen Rechte wie die Männer. Sie dürfen wählen, haben den gleichen Zugang zur Bildung – es gibt jedoch keine Schulpflicht - sie können arbeiten und sie verdienen das gleiche Gehalt, wie ihre männlichen Kollegen. Aber die Rechte sind nicht der Gleichmacherei unterworfen, sondern der unterschiedlichen menschlichen Natur von Männern und Frauen geschuldet. Das bedeutet: Sie sind gleich in ihren Fähigkeiten, Verpflichtungen zu tragen und Rechte zu gewähren. Die Unterscheidung richtet sich nach der Eignung; das bedeutet, dass festgestellt wird, in welchen Bereichen die Frau oder in welchen Bereichen der Mann besser geeignet ist, Verantwortung zu übernehmen. Diese Unterscheidung lässt vielfältige Interpretationen und Handlungen zu. So ist es beispielsweise so, dass Frauen durchaus ein Geschäft führen dürfen, aber man geht davon aus, dass sie aufgrund ihrer stärkeren natürlichen Bindung zu den Kindern und wegen der Zeit, die sie mit ihnen verbringen, nicht so viel Erfahrung im Geschäftswesen erlangen können.
In den erheblich traditioneller geprägten Ländern, wie dem Jemen, gibt es keinerlei Spielräume, wie etwa das Kennenlernen in einer Universität. Die Regeln werden streng eingehalten, was vor allen Dingen für die Frauen auf dem Land weitreichende Folgen hat. In diesem Staat ist das Analphabe-

tentum noch sehr verbreitet, und es gibt außerhalb der Städte kaum Schulen, so dass die Frauen aufgrund mangelnder Bildung nicht ihr Recht bei den Verhandlungen über den Ehevertrag wahrnehmen können. In der Öffentlichkeit bewegen sie sich tief verschleiert. Auch im Haus müssen sie zu ihren langen Gewändern ein Kopftuch tragen, denn es könnte sein, dass in ihren eigenen Wohnräumen doch ein Männerauge mal den Blick auf die Haare richten könnte. Und sie leben hinter dicht vergitterten Fenstern.

Trotz der rigiden Regeln ist es einem neunjährigen Mädchen mithilfe einer Anwältin gelungen, sich aus der erzwungenen Ehe durch Scheidung zu befreien, obwohl sie minderjährig war und kein Mitspracherecht hatte. Sie ist in die Familie eines Onkels aufgenommen worden. Diese Scheidung hat in der ganzen Welt großes Aufsehen erregt, und dieses Ereignis ist wohl einzigartig geblieben.

Eine Begebenheit des Islam beschäftigen mich noch besonders: Die Steinigung.

Im religiös-gesetzlichen Strafrecht des Islam, der Scharia, ist die Steinigung, arabisch „Radschm“ genannt, eine grausame Form der Todesstrafe. Auch im Christentum und Judentum war sie vor langer Zeit ein Mittel zur Abschreckung, aber sie wurde später für immer verboten. Wegen der besonderen Grausamkeit verstößt diese Art der Todesstrafe gegen jegliche Menschlichkeit, und somit auch gegen das internationale Recht.

Trotzdem wird in islamischen Staaten, wie z.B. im Iran oder in Afghanistan oder in Saudi-Arabien diese Art der Todesstrafe noch durchgeführt. In manchen afrikanischen Staaten wird die Steinigung sogar als Lynchjustiz gegen Hexen und Diebe eingesetzt.

Es gibt mehrere Gründe, diese Strafe zu verhängen. Die Häufigsten sind der Ehebruch und die Vergewaltigung. Es ist besonders für die Frauen schwer, durch ihre Zeugenaussage zu beweisen, dass sie vergewaltigt wurden, da die Aussage von zwei Männern bestätigt werden muss und die Aussagen von Männern grundsätzlich ein größeres Gewicht haben. Auch bei der Beweisaussage zum Ehebruch sind die Frauen deswegen meistens benachteiligt. Mindestens vier Männer müssen diesen Ehebruch aber überzeugend darlegen, oder sie müssen gar selbst dabei gewesen sein, ehe ein Urteil gefällt werden darf.

Grundsätzlich können beide Geschlechter bestraft werden, entweder mit 80 - 100 Peitschenhieben, einer Verbannung oder einer Steinigung. Vor kurzem wurde im Afghanistan sogar ein Paar gemeinsam öffentlich gesteinigt.

Andere Gründe, diese Todesstrafe auszusprechen, sind die Vergehen infolge Homosexualität, Sodomie und Inzest. Diese Art von Vergehen sind auch der Grund, warum meistens Männern durch Steinigungen bestraft werden.

Bei der Durchführung dieser Strafe darf ein Stein nicht kleiner oder größer sein, als eine hohle Hand fassen kann, und er darf nicht ins Gesicht geworfen werden. Die Steinigung findet durch öffentliche Hände statt, und der erste Steinwurf ist dem Richter vorbehalten, der die Strafe verhängt hat.

Ich bin zu kurz hier, um mich in die alltäglichen und emotionalen Auswirkungen hineindenken zu können, die sich aus dem islamischen Glauben für die Menschen ergeben. Ich freue mich jedoch immer wieder, wenn ich mein Wissen über andere Kulturen erweitern kann, und ich aus diesem Wissen heraus für mein persönliches Leben lerne.

Das Schiff fährt weiter an der Küste entlang nach Süden. An ihr sollen kleine Inseln vorgelagert sein, aber ich sehe zwischen mir und dem Horizont keine einzige. Die Luft ist sehr heiß und das Wasser dampft so, dass die ganze Landschaft in diesen Nebel eingehüllt ist. Auch der Wind weht heute nicht und die Wasseroberfläche ist spiegelglatt. Ich bin von einer gespenstischen Atmosphäre eingeschlossen.

Ich ergötze mich den ganzen Tag am Müßiggang und auch am Abend unterhalte ich mich höchst vergnüglich mit meinen Tischgenossen.

8. Tag

Der heutige Tag steht ebenfalls im Zeichen des Nichtstuns. Nur am späten Vormittag wird mir eine kleine Besonderheit geboten. Auf einem Deck ist ein üppiges Büfett mit Nürnberger Bratwürsten, Weißwürsten und Sauerkraut aufgebaut - und das mitten im Persischen Golf! Da Weißwürste traditionell vor 12:00 Uhr gegessen werden müssen, überlege ich mir, dass ich mein Mittagessen früher einnehme, denn ich mag diese Speisen sehr gerne, aber etwas hält mich entschieden davon ab. Eine Musikkapelle schleudert ihre schrillen Töne mitten in die geruhsame Stille der maritimen Umgebung. Für mich ist das Tosen des Windes und das Rauschen des Wassers jedoch Melodie genug und ich verschwinde an ein Plätzchen, von dem aus ich nur diese Melodie hören kann.
Nun spüre ich fatalerweise zum ersten Mal, dass meine Wirbelsäule schmerzhaft streikt und ich versuche, sie mit gezielter Gymnastik wieder in „Reih und Glied“ zu bringen. Ich habe zwar gelernt, wie ich mit diesen mir bekannten Beschwerden umgehen muss, aber es ist doch ein großes Pech für mich, wenn ich bedenke, was für wunderbare Erlebnisse ich noch vor mir habe. Nun denn, ich kann es nicht ändern. Ich mache einfach das Beste daraus und hoffe sehr, dass meine Freude an weiteren schönen Erlebnissen nicht wesentlich beeinträchtigt sein wird.

9. Tag

Über Nacht fahren wir weiter nach Süden zum Hafen Bandare Abbas und ich schlafe wunderbar. Leider wird der Tag weniger erfreulich, denn die Stimme durch den Lautsprecher verkündet wieder, dass ich mich nur mit einer Verschleierung

meines ganzen Körpers an Deck bewegen darf. Das behagt mir überhaupt nicht!
Die Gäste, die sich die Stadt anschauen wollen, müssen auch hier rigide Kontrollen über sich ergehen lassen. Außerdem laufen danach drei Kontrolleure, die sich gegenseitig kontrollieren, mit ausdruckslosen Gesichtszügen uns kontrollierend über das Deck. Sie verströmen kurzzeitig ihre Erbarmungslosigkeit und willkürlichen Machtgelüste. Mir läuft ein eiskalter Schauder über den Rücken, und nun fühle ich mich endgültig angespannt, verängstigt und unfrei.
Ich habe eine derartig beklemmende Wahrnehmung bisher nur einmal in meinem Leben erfahren müssen: Auf der Fahrt mit dem Zug von Stuttgart über Hof durch die ehemalige DDR nach Berlin. Niemals habe ich, seitdem unser Land wieder eins geworden ist, für möglich gehalten, dass ich dieses grauenvolle Gefühl noch einmal erleben muss - bis heute. Die Kontrolleure gehen bald wieder von Bord, aber sie hinterlassen bei mir noch lange diesen beängstigenden Eindruck des Gefangenseins.
Dennoch wage ich einen kleinen Blick über die vereinsamte Reling, um zu sehen, ob es im Hafen Leben gibt. Einige Dhaus liegen in einer Reihe am Kai und manche fahren auch an unserem Motordampfer vorbei, beladen mit Obst und Gemüse. Jedoch scheinen es Geisterschiffe zu sein. Kein Mensch ist zu sehen, und somit winkt mir natürlich auch niemand zu. Ich vermisse auch ein geschäftiges und buntes Treiben, das in großen Häfen – Bandar-e Abbas ist der wichtigste Hafen des Iran - meistens zu spüren ist. Nur ein riesiges Kriegsschiff liegt bedrohlich an einem anderen Kai.
Dieser Hafen vermittelt mir ein Gefühl von freudlosem Dasein und ich bin froh und auch befreit, als wir diesen bedrückenden Ort verlassen, nachdem die Ausflügler von Bandar-e Abbas, Shiraz und Persepolis wieder an Bord sind.

Fujairah

An Öl arm - aber reich an Wasser und Stein

Das Schiff ist inzwischen durch die Straße von Hormuz gefahren und wir befinden uns im Golf von Oman. Unser nächstes Ziel, Fujairah, ist das einzige Emirat der VAE, das am Golf von Oman gelegen ist.

Eigenheiten von Fujairah

Fujairah ist im Norden und im Süden vom Oman eingebettet, und es grenzt im Westen an Sharjah. Das Emirat ist ein sehr kleines Land, und seine zauberhaften Buchten am Meer sind von der Hajar-Gebirgskette umgeben. Es hat kein Öl, sondern es lebt vom Wasser, das es anderen Staaten verkaufen kann. Zusätzlich bekommt es finanzielle Zuwendungen von der VAE. Durch die Fülle an Wassers, ist eine Ausschöpfung von vielfältiger Landwirtschaft gewährleistet, z.B. Datteln, Melonen, Mangos, Bananen, Orangen und Zitronen - und diese Produkte lassen sich ebenfalls gut verkaufen. Zudem stammt das meiste Baumaterial für die VAE aus dem Hajar-Gebirge in Fujairah. Zudem wird der Tourismus ausgebaut.

Das Schiff fährt nach Westen und die Uhr muss wieder angepasst werden. In diesem Emirat gehe ich wieder von Bord, und ich bin dabei nicht gezwungen, ein Kopftuch zu tragen. Ich fühle mich sofort frei und bin offen für neue Erlebnisse. Ich freue mich sehr auf den heutigen Tag!
An diesem Nachmittag sehe ich eine andere Landschaft der arabischen Halbinsel, als bisher. Ich sehe keine Hochhäuser und keine große Stadt, sondern wir fahren an Oasen vorbei auf der Weihrauchstraße in das Hajar-Gebirge hinauf. Wie ist das herrlich!

Diese karge und gebirgige Wüstenlandschaft mit ihren ausgetrockneten Flussbetten, den Wadis, liebe ich so sehr. Sie ist für mich atemberaubend schön und gar nicht langweilig, zumal in versteckten Tälern die Oasen üppig grünen. Auch sehe ich ab und zu kleine Dörfer mit ihren bescheidenen Lehmhäusern, in denen noch das authentische Leben ohne Luxus und Glamour seinen Platz hat. Und ich sehe Menschen in ihrer traditionellen Kleidung durch diese Dörfer laufen. Es ist so wunderbar heimatlich hier!
An einer Stelle, am Rand dieser berühmten Straße, die weiter durch den Oman nach Süden an den Golf von Aden führt, steht der Freitagsmarkt von Masafi, der hier inzwischen täglich stattfindet und den wir nun besuchen. In kleinen Ständen, die unter Bretterverschlägen aufgebaut sind, werden Obst und Gemüse angeboten, aber auch Teppiche, Haushaltswaren und Tücher. Ebenso kann ich in Antiquitäten und arabischem Kitsch stöbern, und ich genieße es sehr, dass ich mich hier als Frau wieder frei bewegen kann. Ich bekomme sogar eine kleine Banane zum Verzehr angeboten, obwohl klar ist, dass ich nichts kaufen will. Ich muss gestehen, sie schmeckt nach nichts, aber ich freue mich über diese Gabe. Die unerwartete Idylle dieses Platzes, hinter dem sich unmittelbar die malerische Bergkette erhebt, begeistert mich, obwohl er an einer stark befahrenen Straße liegt.
Ich erfahre, dass Masafi nicht wegen dieses kleinen Basars so berühmt ist, sondern es gibt hier eine unterirdische Mineralwasserquelle, die auch wirtschaftlich genutzt wird. Eine wahre Kostbarkeit in Arabien.
Die Fahrt geht weiter zu der Enklave am Meer Khor Fakkan, die zu Sharjah gehört. Sie ist eine kleine und bezaubernde Badebucht, die von einem wichtigen Seehafen mit seinen pittoresken Kränen abgerundet wird. In den Bergen oberhalb dieser Bucht hat der Scheich von Sharjah seinen Sommerpalast, und der Blick über „sein" Land muss für ihn sehr reizvoll sein. Der breite Sandstrand ist von einem großzügigen

Markt mit einheimischen Erzeugnissen...

Grasstreifen gesäumt, und im Sand strecken sich manchmal Palmen in den Himmel, die den Menschen Schatten spenden. Es ist wundervoll, bei diesem herrlichen Wetter hier entlang zu laufen, und ich nehme voller Wonne diesen fantastischen Blick auf das Meer und in die Berge in mich auf. Mir macht die Hitze und der beständige Sonnenschein nichts aus, obwohl um diese Jahreszeit, Ende April, hier +30°C normal sind. Im Gegenteil. Ich bin in meiner Kleidung gut vor der brennenden Sonne geschützt, und ich genieße diese für mich nicht alltägliche Wohltat durch die Wärme in vollen Zügen, denn ich erlebe daheim immerzu das raue Klima der Nordsee.

Durch ein Stadttor, das mit blauen Ornamenten geschmückt ist, gelange ich in das kleine Dorf, in dem Geschäfte und Restaurants angesiedelt sind, und wieder zieht mich das bunte und beschauliche Treiben in seinen Bann. Da ich auf der Weihrauchstraße gefahren bin, schaue ich mich auch nach Weihrauch um. Ich denke, dass es ein nettes und ungewöhnliches Geschenk für meine Freunde ist, aber ich habe kein Glück. Ich lerne jedoch, dass es große Qualitätsunterschiede gibt. Nun gut, ich werde sehen, aber immerhin weiß ich schon, was ich mitbringen will.

Wie so oft kommt der Höhepunkt des Tages zum Schluss. Wir fahren nun an der bergigen Küste entlang zu der ältesten Moschee in den VAE, Badiyah. Sie soll zwischen 1446 und 1668 errichtet worden sein, doch der Zeitpunkt ist nirgends genau dokumentiert.

Allein die Fahrt dorthin ist sehr reizvoll. An den kleinen Buchten haben sich schöne Hotels versteckt, das Wasser des Meeres leuchtet in türkisblau und die mächtige Bergkette erstrahlt im Licht der Sonne.

Diese Moschee liegt unscheinbar direkt an der Straße. Der kleine Bau aus Lehm ist oben mit einfachen Kuppeln, die wie Zipfelmützen aussehen, abgeschlossen und ich sehe keine Minarette. Die vier Kuppeln, die in einem Rechteck angeordnet sind, ruhen auf zwei Meter hohen Außenwänden und auf einer Säule, die mitten in dem einzigen Raum dieser Moschee steht. In dem Mauerwerk sind kleine, runde Fenster eingelassen und ein Wall aus Lehm umgibt dieses Kleinod der islamischen Baukunst. Um dieses Areal herum wachsen Feigenkakteen und eine Dattelpalme, die jetzt ihre Früchte trägt. Buntblühende Blumenstauden ergänzen die ländliche Schönheit dieses Orts.

...sowie Gebetsteppichen an der Weihrauchstraße

Oberhalb der bescheidenen und wunderbaren Moschee erheben sich auf dem Berg zwei markante Wachtürme, die diesen bedeutenden Ort in seiner romantischen Natürlichkeit abrunden.
Diese Moschee ist eine wahrhaftig zauberhafte und besinnliche Gebetsstätte!
So langsam geht der Tag zu Ende und wir fahren entlang des Bergpanoramas, das jetzt in dem warmen Licht der Abendsonne seine ganze Pracht entfaltet, zu unserem Schiff zurück.
Gleich habe ich noch etwas Besonderes vor. Ich gehe zu einem Vortrag, der mich auf ungewöhnliche Weise auf den Jemen vorbereitet. Es geht nicht um die Geschichte des Landes oder um den Islam, auch nicht um das Weltkulturerbe Sanaa, sondern ich erfahre etwas über Pflanzen, die in diesem Land wachsen, und wie sie im alltäglichen Leben genutzt werden können.
Beim Abendessen bin ich ausnahmsweise ob meiner Müdigkeit etwas wortkarg und ich verabschiede mich bald von dem reizenden Ehepaar an meinem Tisch.
Morgen erreichen wir den Oman und viele neue Eindrücke sollen auf mich warten.

Oman

Das Land der weißen Städte, faszinierenden Paläste und Landschaften

10. Tag
Das Schiff fährt über Nacht weiter durch den Golf von Oman nach Süden. Am nächsten Morgen erreichen wir Maskat, die Hauptstadt des Sultanat Oman.
Mit diesem Land verbinde ich den Geruch an Weihrauch, der ihm schon in der Vergangenheit großen Reichtum beschert hat. Doch auch sonst gibt es einiges über dieses Sultanat zu berichten, insbesondere die Geschichte ist für mich überraschend - sie ist bedeutend und machtvoll.

Die Geschichte des Landes

Schon lange vor der islamischen Zeit war dieses Gebiet bekannt, denn die legendäre Königin von Saba, die im Jemen beheimatet war, soll hier den König Salomon besucht haben. Auch die Sumerer wussten 3.000 vor Christus schon von diesem Land am Golf.
Die bedeutende Zeit begann mit der Islamisierung der Arabischen Halbinsel. Die Sassaniden beherrschten von 280 - 633 nach Christus die Arabische Halbinsel, und Mohammed floh vor ihnen 622 nach Mekka und Medina. Dort gründete er den Islam und mit diesem Ereignis beginnt die Zeitrechnung des islamischen Kalenders. 630 vertrieb der islamische Heerführer Amr bin al-As von Nordosten aus die Sassaniden von der Arabischen Halbinsel und verbreitete auch im Oman diese neue Religion. Nach einigen Kämpfen mit den hiesigen religiösen Abweichlern war 633 die ganze Halbinsel islamisiert, und von da an begann diese Religion ihren Siegeszug um die Welt.

Um 750 löste sich die islamische Sekte der Ibaditen aus dem Verbund, machte sich im Bergland des Oman breit und gründete dort ein eigenes Imamat.

Ein anderer Teil der omanischen Bevölkerung beherrschte den Bereich an der Küste des arabischen Meers und darüber hinaus den Indischen Ozean bis Persien und Indien, sowie die Ostküste Afrikas bis Mosambik in Kenia. Sogar mit dem Kaiserreich China trieben sie ihren Handel: Mit Perlen, Weihrauch, Gold, Elfenbein und Sklaven. Nach 925 wurde das Land mehrmals von den Persern für einige Zeit besetzt, ehe die Portugiesen 1507 die Vorherrschaft übernahmen. Unter der Yaruba Dynastie befreite sich das Oman im Jahre 1658 von den Portugiesen und stieg wieder zur vorherrschenden Seemacht am Indischen Ozean auf. Maskat wurde der bedeutendste Handelsplatz zwischen Arabien und Indien. 1730 eroberte das Oman Sansibar, das eine strategisch wichtige Insel vor der Ostküste Afrikas war. Dieser Besitz festigte ihre Vormachtstellung.

In dieser Zeit gründete Sultan Said eine Dynastie, die bis heute herrscht.

1798 kamen die Engländer hierher, und sie beeinflussten die Gesellschaft des Landes auf europäische Weise. Gleichzeitig war England die Schutzmacht für Angriffe von außen. Mit dem Verlust von Sansibar 1856 verlor der Oman seine Macht am Indischen Ozean, und die äußerst konservative Politik der Sultane verschärfte diesen Niedergang. Zudem zerstörte 1865 ein verheerender Orkan ihre gesamte Afrikaflotte. Faktisch war das Land seitdem von den Engländern abhängig, die erst 1969 den Oman verließen.

Bisher war das Imamat der Ibaditen kein Problem für das Sultanat von Maskat, aber nun war der Lebensraum im Indischen Ozean verloren. 1957 besetzen die Truppen das Imamat, eroberten es, und beließen die Ibaditen in ihrer Rückständigkeit. Der Sultan Said bin Taimur schottete aber das ganze

Land gegenüber der Weltgemeinschaft ab, da er den in seinen Augen schädlichen und zunehmenden Einfluss des Westens auf die Gesellschaft seines Landes fürchtete; er verbot sogar, dass die Menschen Radio hören - bis 1970!
Qaboos ibn Said stürzte seinen Vater und verbannte ihn ins Exil nach England. Er selbst war zuvor dorthin geschickt worden, um eine umfassende Ausbildung zu erlangen. Außerdem lernte Sultan Qaboos Deutschland und Frankreich kennen.
Mit seinen Erfahrungen aus Europa setzte er gleich nach seiner Machtübernahme einige Reformen im Land durch:

1. Die Abschaffung der Sklaverei,
2. Die Abschaffung der Reise- und Ausgangsbeschränkung,
3. Der Aufbau eines Gesundheitssystems nach englischem Vorbild wurde vorangetrieben; bis heute ist es kostenlos,
4. Der Aufbau der Infrastruktur wurde vervollständigt, und es wird jetzt Trinkwasser und Elektrizität bis in die entlegensten Dörfer gewährleistet.

Auch die Streitigkeiten um die Provinz Dhofar, die vom Südjemen unterstützt wurde, und aus der der kostbare Weihrauch kommt, wurden 1982 zugunsten des Omans beigelegt. Zu guter Letzt wurden die Grenzverläufe zu Saudi-Arabien, um die es jahrelange Auseinandersetzungen gab, 1990 geregelt. Zudem gab der weitsichtige Sultan den USA die Erlaubnis, zur Sicherung der Golfregion einen Stützpunkt für das amerikanische Militär einzurichten.
All diese Reformen konnten nur erfolgreich durchgeführt werden, da auch hier seit 1967 Erdöl und Gas gefördert werden, und das Land reich machen. Aber auch eine vielfältige Landwirtschaft und der Fischreichtum trägt zum Erfolg und zur Stabilität des Oman bei.
Noch etwas Besonderes wurde ab dem Jahre 1988 durchgeführt: Die Omanisierung! Das heißt: Die Einheimischen ersetzten durch Bildung langsam und stetig die Arbeit, die bisher von Gastarbeiter durchgeführt wurde.

Im Islam haben alle Menschen das Recht auf den Zugang zur Bildung, und hier wird es wahrgenommen. Es gibt zwar auch hier keine Schulpflicht, aber 90% der jugendlichen Omanis werden eingeschult. Die Gleichberechtigung zwischen den Geschlechtern ist tatsächlich weitgehend gewährleistet und alle Omanis über 21 Jahre können ein Beratungsparlament wählen, das der Sultan eingerichtet hat, damit es ihn in seiner Arbeit unterstützt. Es gibt eine Universität in Maskat, zusätzlich gibt es vier private Universitäten und etliche Colleges.
Zuerst wurde der Staatsdienst schrittweise von den Omanis übernommen. Heute sind 90 - 95% der Beamten Einheimische. Dann zog die Privatwirtschaft nach, in der etwa 140.000 omanische Menschen arbeiten. Der Oman hat heute etwa 3 Million Einwohner und es ist so groß wie Deutschland.
Das soziale System zeigt europäische Züge. So gibt es neben dem Gesundheitssystem auch eine Alters- und Invalidenrente, sowie eine Waisen- und Witwenrente, die unabhängig vom Almosenwesen - das ein islamischer Brauch ist - gewährt werden.
Etwas Anderes zeichnet dieses islamische Land noch aus: Der Umgang mit anderen Religionen und islamischen Strömungen. Die besonders strenggläubigen Ibaditen, die 75% der Bevölkerung ausmachen, verhalten sich gegenüber allen Andersgläubigen, die in ihrem Land leben, im täglichen Umgang gleichermaßen zuvorkommend. Ihrer Meinung nach kann niemand bestimmen, wer ein „wahrhaftiger Muslime" oder ein „verlorener Abtrünniger" ist, gleichgültig ob es Schiiten, Sunniten, Christen, Juden oder Hindi sind.

Der Morgen bricht an und ich bin sehr neugierig auf dieses bemerkenswerte Land. Werde ich Frauen Auto fahren sehen, vielleicht sogar ohne den verhüllenden Tschador?
Ich habe allerdings einen Ausflug in die Hajar Berge und nach Nizwa gebucht und kann wohl diese Frage nicht beantworten, da ich nicht auf den Fischmarkt in Maskat gehe, auf dem man eher auf einheimische Städter treffen wird.

Erst einmal aber erlebe ich die Einfahrt in den Naturhafen von Maskat und diesen Anblick finde ich atemberaubend schön und spektakulär. Diese kleine Stadt, die die kleinste Hauptstadt der Welt und nach Singapur die sauberste Stadt ist, liegt in einer schmalen Bucht, die von einer steilen Bergkette des Hajar-Gebirges umgeben ist. Auf zwei Bergkuppen erheben sich die mächtigen Lehmbauten der portugiesischen Forts Mirana und Jalala, die wie Wächter der Stadt auf den Kuppen thronen. Wunderschöne alten Kaufmannshäuser säumen die kleine Corniche am Hafen. Sie sind mit Balkonen und arabischen Ornamenten geschmückt, und sie strahlen in einem blendenden Weiß. Mitten in dieser Häuserreihe steht eine Moschee, die sich mit ihrer blaugoldenen Kuppel und einem blaugoldenen Minarett hervorhebt. An den Hang schmiegt sich ein ausgedehnter Park, und vor diesem einzigartigen Küstenstreifen liegen viele kleine und bergige Inseln.

Spektakulär und alles bestimmend aber ist die riesige weiße Skulptur eines Weihrauchofens, der auf einem dieser Berge hell in der Morgensonne leuchtet. Sie ist wahrlich ein beeindruckender Anblick!

In dieser gewaltigen Inselwelt versteckt sich Maskat

Ich kann meinen Blick von dieser außerordentlich imposanten Landschaft kaum abwenden, aber das Schiff legt am Kai an. Ich muss nun zum Bus gehen, falls ich heute noch mehr sehen will.
Der Hafen ist sehr belebt und Container werden hin und her bewegt. Das ist überaus erfreulich nach der Tristesse im Hafen von Bandar-e Abbas.
Zwischen zwei Bergen schafft sich diese Stadt Raum in das Hinterland, und durch diesen schmalen Streifen fahren wir nun. Kleine Häuser heften sich an die Berghänge, strahlen leuchtend weiß vor den grauen Felsen. Ich sehe keine Hochhäuser, und ich erfahre vom Reiseleiter, dass es nur ein Hochhaus im Oman gibt; es ist das braune Schokoladenhaus in Maskat, das 25 Stockwerke hat. Ich aber sehe nur weiße Häuser, die manchmal mit etwas Farbe geschmückt sind, und höchstens 6 Stockwerke besitzen. Ich bin begeistert.
Über eine breite Straße fahren wir schnell am Flughafen entlang in Richtung der Saiq Ebene und ich komme gar nicht dazu, in die Autos zu gucken, um zu sehen, ob eine Frau am Steuer sitzt. Mich hält der Anblick dieser wunderschönen Bauten und Moscheen am Straßenrand immer wieder gefangen. Ebenso schön finde ich, dass die gegenwärtig vielbefahrenen Straßen mit Blumenrabatten in der Mitte geschmückt sind. Im Augenblick sind die Cafés und Plätze menschenleer, aber es ist noch früh am Tage.
Wir lassen die Stadt hinter uns und kommen auf die Saiq Ebene, die einer kargen Steinwüste gleicht und bis auf 3.000m ansteigt. Ihr höchster Berg ist der Jebel Schams mit einer Höhe von 3.075m. Ich sehe fett grünende Oasen, die etwas versteckt in windgeschützten tiefen Mulden liegen, und etliche trockenen Akazienbäume stehen auf der sandigen Ebene. Ich bin hingerissen, denn meine Sehnsucht nach dem Anblick einer Wüste wird hier nun vollständig gestillt. Die Steinmassen enthalten Unmengen der unterschiedlichsten Metalle, wie z.B.

Malachit und Eisen, und dadurch erscheint das Gebiet bunt wie ein Malkasten. Am schönsten finde ich die weinroten Felsen, die ich ab und zu sehe. Dieses Hajar-Gebirge ist wegen der vielfältigen Metallarten im Felsgestein ein Eldorado für die Arbeit der Geologen, erfahre ich.

In der steinigen Landschaft leuchten hin und wieder Sandflächen – in einer Wüste kann Sand in 24 unterschiedlichen Farbschattierungen leuchten - in vielfältigen Farbtönen in der Sonne, und ausgetrocknete Wadis schlängeln sich durch dieses bergige Hochland. Aber auch Häuser, natürlich weiße, stehen am Wegrand, und ich kann manchmal erkennen, wie viele Ehefrauen ein Mann hat. Ich sehe sogar einmal drei Reihenhäuser nebeneinander, die also für drei Ehefrauen bestimmt sind. Sie sind mit einer Mauer umgeben, in die Tore mit schönen schmiedeeisernen Verzierungen eingelassen sind. Nur selten erkenne ich größere Ortschaften, die sich direkt unterhalb der Berghänge geschützt befinden. Die pittoresken und stacheligen Akazienbäume geben der grandiosen Landschaft einen bizarren Charakter, vor allen Dingen dann, wenn sie sich alle in eine Richtung strecken, vom Wind gezeichnet.

Diese wüstengleiche Hochebene finde ich unvergleichlich schön und ich freue mich, dass ich den ganzen Tag in ihr verbringen darf.

Langsam erreichen wir Nizwa, das zwischen den Bergen des Saiq Plateaus und in einer großen Palmenoase eingebettet ist. Diese kleine Bergstadt hat durch die Abgeschiedenheit ihren ländlichen Charakter bewahren können, denn sie wurde erst 1976 durch eine Asphaltstraße mit Maskat verbunden. Ich sehe noch viele Lehmhäuser und naturbelassene Straßen. Nizwa war bis ins 12. Jahrhundert die Hauptstadt des Landes, und sie ist bis heute das religiöse Zentrum der Ibaditen. Der Mittelpunkt der Stadt ist das Nizwa Fort.

Als ich aus dem Bus steige, fällt mir als erstes die große blau-goldene Kuppel der Moschee auf, die sich in der strahlenden

Malerisch präsentiert sich das Weltkulturerbe in Nizwa

Sonne majestätisch aus dem alten Stadtviertel hervorhebt. Dieses alte Viertel ist von einer 12 Kilometer langen Lehmmauer umgeben.

Ich wandere durch das Stadttor und befinde mich mitten im malerischen Souk. Genüsslich durchstreife ich nun diesen Ort mit seinen kleinen Geschäften, Arkaden und Plätzen. Hier befolge ich auch den Rat des Reiseleiters, der uns in ein Geschäft führt, in dem es den besten Weihrauch geben soll; hell und in kleinen Tropfen. Ich kaufe etwas davon ein und ergänze das kostbare Geschenk mit getrockneten und wohlriechenden Rosenblüten; aber ein Weihrauchstövchen finde ich hier nicht. Nach ihm muss ich also später noch suchen. Ich ergötze mich an der Betrachtung der Silberarbeiten der berühmten Khanjars, der legendären Silberdolche, und unterschiedlich große Holztruhen mit prachtvollen Intarsien-Arbeiten wecken mein Interesse.

Neben diesem eher touristischen Viertel entdecke ich einige Markthallen, an denen jede Ware seine eigene Halle hat, sei es Gemüse oder Fleisch. Jedes Eingangstor ist mit anderen wunderbaren islamischen Ornamenten geschmückt. Leider werden

in den Hallen die Waren schon abgeräumt, so dass ich das geschäftige Treiben nicht mehr ausgiebig genießen kann.
Ich erlaube mir, so geruhsam hier hindurch streifen, da uns wieder viel Zeit zur Verfügung steht.
Nun gehe ich noch hinauf zum Fort. Allein der mächtige Gewehrturm aus Lehm, der einen Durchmesser von 24 Metern hat, beeindruckt mich. Er ist im Kern mit Erde gefüllt, so dass er jedem Beschuss standhalten konnte. Der Innenhof ist mit einem mächtigen Mauerwerk umgeben, das oben mit abgerundeten Zinnen abgeschlossen wird. An den schlichten Wänden hängen ab und zu einfache Laternen. An anderen Wänden entdecke ich eine einzelne rustikale Kaffeekanne und altes Handwerkszeug, das an ihnen aufgehängt wurde. Die Räume sind mit vielfältig gestalteten Holzdecken ausgekleidet, und eine Treppe führt hoch zu den Zinnen. Von hier aus habe ich einen prachtvollen Rundblick in die Landschaft der Saiq Ebene.
Ich bin müde von den Eindrücken dieser zauberhaften Umgebung und suche einen Ort, an dem ich mich etwas auszuruhen kann. Ich finde einen sehr schönen und bequemen. Vor dem Fort steht ein kleiner offener Pavillon aus Holz, der mir nicht nur eine Sitzgelegenheit bietet, sondern mich auch vor der heißen Sonne schützt. Von hier aus habe ich noch einmal einen wunderbaren Blick auf das Fort, auf dem das Landesbanner des Oman in weißer, grüner und roter Farbe im Wind flattert. Eine sattgrüne Palme steht vor dem mächtigen Wehrturm, und sie belebt mit ihrer Farbe zusätzlich dieses wunderbare Mauerwerk aus Lehm. Ich fühle mich so wohl in dieser besinnlichen Stimmung!
Doch nun wartet der Bus auf mich, und auf dem Rückweg lasse ich noch einmal die beseelende Atmosphäre dieses Ortes auf mich einwirken. Auch die Moschee mit der herrlichen Kuppel sehe ich noch einmal. Ich finde, dieses hübsche Stadtviertel ist zu Recht ein Weltkulturerbe der UNESCO.

Die Fahrt geht weiter in Richtung Al Ain und wir müssen an Bahla - ebenfalls eine berühmte Festung - vorbeifahren, denn dort wird gebaut. Also ist unser nächstes Ziel Jabrin. Noch immer fahren wir durch die Saiq Hochebene, und noch immer bin ich in meinem „Sehnsuchtsrausch", den mir die Wüste beschert.

Und dann sind wir Jabrin. Was für ein wunderbarer Palast!

Dieser Palast wurde 1675 erbaut und war die Sommerresidenz der königlichen Familie. Er liegt in 500 Meter Höhe auf dem Saiq Plateau. Das gewaltige Gebäude ist aus Lehm erbaut und es hat seine natürlich braune Farbe beibehalten. Dadurch strahlt es eine warme Atmosphäre aus, und ich erfreue mich abermals über einen wunderbaren Ort. Der Mittelpunkt dieses Baus ist ein hoher Lichtschacht, von dem die Räumlichkeiten ausgehen.

Es lohnt sich, hier eine Weile zu verbringen. In jeder Etage sind Fenster, die mit schlichten Gittern aus Lehm geschmückt sind, und wunderschöne Holzbalkone führen von einer Seite zur anderen. Am obersten Ende des Schachtes ist die Dachterrasse mit Holzzäunen und Streben stabil abgesichert. Die Räume sind mit vielfältig verzierten Holzdecken aus Teak abgeschlossen, und sie sind wie ein kleines Museum eingerichtet.

Ich sehe beispielweise altes Handwerkszeug, Tafeln mit arabischen Inschriften, diese immer wieder sehenswerten Truhen mit Intarsien und sehr schöne Teppiche. Besonders auffallend und reizvoll finde ich eine große und reich verzierte, goldene Kaffeekanne. Ein echtes Kleinod!

Aus dem Innenhof der Mauern führen Treppen auf die Dachterrasse. Ich verzichte diesmal allerdings darauf, sie zu besteigen, denn sie sind ungesichert und steil, und ich traue mich nicht.

Ich entdecke alte Vorratskrüge, die an diesen Treppen in einer Ecke stehen. Auch sind Silos und Wehrtürme in das äußere Mauerwerk eingebaut und dort sehe ich ebenfalls diese vergitterten Fenster und kleine Verzierungen. Der Eingang zum Palast ist eine große Holztür, in die schöne Schnitzereien eingearbeitet sind, und auch an der äußere Seite der Mauer finde ich diese vergitterten Fenster und kleinen Ausschmückungen.

Dieser grandiose Palast beeindruckt mich nicht nur durch seine stilvolle Innenausstattung, sondern auch angesichts seiner schlichten Eleganz, die jetzt in der Abendsonne brillant betont wird.

Während der Rückfahrt erlebe ich noch einmal die betörende Landschaft, und diesmal entfalten sich die Farben der Wüste im Abendlicht besonders intensiv. Auch werfen die Berge und Bäume jetzt ihre Schatten und ich schwelge im Anblick dieser berauschend schönen Landschaft.

Ich bin selig!

Am Straßenrand tauchen immer wieder Moscheen wie aus dem Nichts auf, eine davon gefällt mir besonders gut. Sie liegt schon in der Nähe der Stadt, und in den Minaretten sind oben reich verzierte goldene Kugeln eingearbeitet. Sehr originell!

Die hohe arabische Baukunst im Palast von Jabrin

So langsam nähern wir uns wieder Maskat, und jetzt ist die Stadt sehr belebt. Kinder spielen auf einer Rasenfläche Fußball, und an den Straßenecken und Cafés sehe ich Männer reden, die in ihre traditionellen weißen Gewändern gekleidet sind. Große Reklameschilder sind bunt erleuchtet und auch der Straßenverkehr ist nun dicht. Trotzdem fällt mir keine Hektik auf, und die Ruhe ist sehr angenehm. Es ist den Autofahrern nicht erlaubt, unnötig ein „Hupkonzert“ zu veranstalten, denn die Hupen dürfen nur im äußersten Notfall benutzt werden.

Bald verlässt das Schiff den Hafen von Maskat. Ich werfe einen letzten Blick auf diesen glanzvollen Weihrauchofen und in die Bucht dieser außerordentlich reizvollen weißen Stadt.

11. Tag
Ich werde nun fast zwei Tage auf dem Schiff verweilen, während es die Stadt Salalah an der Südküste des Omans ansteuert. Zuerst fährt es weiter durch den Golf von Oman nach Süden und erreicht dann das Arabische Meer, in dem wir nach Westen an der Südküste des Landes entlang fahren - allerdings nicht so dicht, dass wir die Küste sehen können.
Also bin ich die nächste Zeit nur von Wasser umgeben und kann das Bordleben weiter erkunden. Doch es gibt nicht mehr allzu viel zu erzählen. Das aufregendste dieser Tage an Bord ist die Begebenheit, dass ein Plastikstuhl unter mir zusammen bricht, und mir erfahrenen Schiffskreuzfahrer an Deck erst anschließend verraten, dass ich zwei Stühle übereinander stapeln müsse.
Also schreibe ich meine Erfahrungen über ein „Captains-Dinner“ auf, das immer wieder an Bord zelebriert wird. Für viele Gäste ist dieses Ereignis ein Höhepunkt ihrer Schiffskreuzfahrten. Der Kapitän begrüßt an diesem Abend die Gäste per Handschlag, es wird ein Cocktail serviert und die

Tische sind festlich eingedeckt. Sehr wichtig ist es auch, dass sich die Gäste in eleganten Roben zeigen wollen und es auch tun. Ein Unterfangen, das mir nicht besonders zusagt.

Nun gut. Ich denke, dass ich mit meiner schwarzen Hose, einem seidenen schwarzen Rolli und einem wollweißen Jackett angemessen gekleidet bin und begebe mich zum ersten „Captains Diner" dieser Reise. Ich freue mich auf ein erlesenes Essen und auf einen fröhlichen Plausch mit meinen Tischgenossen.

Doch es sollte ganz anders kommen. Das Ehepaar hat das Diner abgesagt, und das Personal hat mich vergessen. Hastig sucht man einen Tisch, der schnell eingedeckt wird; einen Tisch, der versteckt in einer Ecke steht, sozusagen ein „Katzentisch". Das Personal ist sehr peinlich berührt, während ich diesen Platz wunderbar finde. Ich sitze alleine und habe einen großartigen Blick über den gesamten Raum, in dem ich die Menschen intensiv beobachten kann ohne selbst gesehen zu werden.

Da sitzen wir nun, wie Menschen in der „feinen Gesellschaft" mit ihrer großen Garderobe! Ich sehe, dass die Damen wahrhaftig in einer Vielfalt von schillernden Gewändern sowie sehr elegante Roben gekleidet sind, auch tragen sie viel Schmuck. Die Herren tragen Anzüge in dezenten Farben, und die Krawatten und Fliegen, die sie um den Hals gebunden haben, sind auffallend chic. Eine derartig festliche Kleidung könnte bei den Wagner Festspielen in Bayreuth nicht beeindruckender sein. Ebenso wenig, wie die ungeduldige Schlacht am überfüllten und gehaltvollen Büfett. Dieses Schauspiel weckt in mir außerordentlich amüsante und genüssliche Sinneswahrnehmungen. Es fasziniert und verwundert mich zugleich ob der Mühsal, die wir für einen winzigen und flüchtigen Augenblick in unserem Leben auf uns nehmen.

Dennoch verlasse ich bald den gastlichen Raum und ziehe mich in mein Refugium zurück.

12. Tag
Der Vormittag zieht auch heute geruhsam an mir vorüber. Ich habe gelernt, zwei Stühle übereinander zu stapeln und konzentriere mich jetzt wieder auf meine Gedanken, die ich sofort aufschreibe. Ich erinnere mich an den Vortrag über die Pflanzen, die im Jemen vorkommen. Viele dieser Pflanzen kennen wir in Europa als Gewürz- oder Genussmittel, wie Safran und Kaffee. Die wichtigsten Pflanzen, die hier wachsen, sind der Weihrauchbaum, der Hennastrauch und der Bockshornklee. Diese drei Pflanzen haben hier eine besondere und bemerkenswerte Bedeutung.

Der Weihrauch

Der Weihrauchbaum ist ein immergrüner Baum und wächst größtenteils in der Provinz Dhofar im Oman, Hadramaut im Jemen, aber auch am Horn von Afrika und in Indien. Er gehört zu den Balsamgewächsen und das Harz, Olibanum, wird vielseitig verwendet.
Bei uns ist Weihrauch vor allen Dingen durch die Rituale bei den katholischen und orthodoxen Kirchen bekannt. Durch das Erhitzen über glühenden Kohlen entsteht ein wohlduftender Rauch, der von den Menschen eingeatmet wird. Da der Inhaltsstoff Incensol-Acetat stimulierend, sogar berauschend und gleichzeitig beruhigend wirkt, werden die Zuhörer in eine gelöste und aufnahmebereite Stimmung versetzt. In dieser Stimmung folgen die Gläubigen besser der Liturgie. Israelische und amerikanische Wissenschaftler haben in einer Studie diese Wirkung von Incensol-Acetat bestätigt, und sie hoffen nun, dass sie Erkrankungen des Nervensystems besser verstehen können, und dieses Naturprodukt auch bei Angstzuständen und Depressionen eingesetzt werden kann. Aber nicht nur auf dem Gebiet der Neurologie und Psychiatrie ist Weihrauch eine interessante Alternative zur Schulmedizin.

Die Boswelliasäure, die im indischen Weihrauch vorhanden ist, scheint bei Rheumaerkrankungen und Darmentzündungen, wie Morbus Crohn und Colitis Ulcerosa, sowie bei der Multiplen Sklerose eine vielversprechende und heilende Wirkung zu haben; jedenfalls sind die indischen Wissenschaftler von der Wirkung überzeugt. Es ist schließlich schon seit Jahrtausenden bekannt, dass Weihrauch entzündungshemmend wirkt.
Außerdem riechen die ätherischen Öle des Weihrauchharzes bemerkenswert gut. So ist es auch nicht verwunderlich, das aus diesem edlen Naturstoff das teuerste Parfüm der Welt kreiert wird.
Dieser bemerkenswerte Baum wird 1,5 bis 8m hoch und wächst in kargen Gebieten zwischen Felsen und Klippen bis zu einer Höhe von 1.200m über dem Meeresspiegel. Seine Blütenstände sind 25cm lange, stehende Trauben, die weiß blühen, und er hat eine papierartig abblätternde Rinde.

Ich bin ganz begeistert, was die Natur immer wieder für uns bereithält, und ich bin gespannt, ob ich einen Baum auf meinem Ausflug im Süden des Omans erblicken kann.
Nun unterbreche ich meine Arbeit für einige Zeit. Ich ruhe mich in der herrlichen Sonne aus, und ich lasse mir den Wind genüsslich um die Nase wehen. Wie wunderbar das ist!
Kurz vor dem Mittagessen schreibe ich weiter, schließlich muss ich mich noch damit beschäftigen, wie nun das Harz des Weihrauchs aussieht, und wie es aus dem Baum kommt. Viele Mitreisende bleiben verwundert bei mir stehen und fragen mich, was ich denn so eifrig notiere, und diese Frage versetzt mich wiederum in Erstaunen. Es scheint sehr ungewöhnlich zu sein, dass jemand seine Wahrnehmungen sofort aufschreibt, aber ich will mich nachher zu Hause in meine Freude und Begeisterung über diese wunderbare Reise unmittelbar hineindenken können.

Das Weihrauchharz wird ab Ende März geerntet, und die Ernte dauert mehrere Monate. Es wird eine Kerbe in die Rinde geschnitzt, aus der dann das Harz austritt und direkt am Baum verhärtet. Dieses erste Harz hat die geringste Qualität und sieht schmutzig braun aus. Es wird unmittelbar abgeerntet und blutet dann immer wieder neu aus dem Baum. Nach und nach ändert sich die Farbe und das schmutzige Braun wird immer heller und sauberer. Das Harz, das zuletzt heraustritt, hat die beste Qualität und ist damit sehr teuer. Es ist fast weiß und hat eventuell einen grünen Schimmer. Außerdem sieht es aus, wie ein kleiner Tropfen. Nach einigen Erntejahren ruht der Baum für einige Zeit.

Nach dem Mittagessen erreichen wir Salalah, und es beginnt die Nachmittagstour zum Hiobsgrab. Erst einmal besuchen wir aber den „Geysir“ des Oman, der am Rande einer Sandbucht liegt. Die Fahrt am Strand entlang ist wunderschön. Er liegt sehr einsam und weiß an dem smaragdgrünen Arabischen Meer und die Gischt der Wellen umspült dieses herrliche Gestade. Am Ende der Bucht erhebt sich eine Steilküste, und vor dieser liegt direkt am Meer ein Felsenloch, aus dem die Gischt 15 Meter hoch hinausgeschleudert wird. Diese Fontäne sieht genauso beeindruckend aus, wie die eines Geysirs in Island, nur dass sie hier nicht aus der Erde explodiert, und dass sie nicht heiß ist.
Auch sonst ist dieser Ort sehenswert. An der Steilküste bewundere ich unterschiedliche Steinformationen in unterschiedlichen Farben, und dazwischen wagen sich hin und wieder grüne Sträucher ans Licht. In einer Felseinbuchtung sitzt eine arabische Familie und macht Picknick. Die Frauen tragen bunte Gewänder und dieser Anblick stimmt mich fröhlich. Dazu genieße ich diesen prachtvollen Blick auf das Meer.
Ich kann gar nicht oft genug betonen, wie es mich beglückt, dass ich bei unseren Ausflügen immer viel Zeit zur Verfügung habe. Die idyllische Ruhe in diesen Landschaften ist Nahrung

für meine durch Hektik und Lärm geschundene europäische Seele.

Wir begeben uns auf dem gleichen Weg zurück nach Salalah, und ich habe noch nie gesehen, dass mitten in einer Stadt riesige Plantagen mit Kokospalmen, Papaya, Bananen und Sandelholz liegen. Hier herrscht im Juni und Juli tropisches Klima, und der Monsunregen bringt viel Wasser, so dass jede vorhandene Fläche in diesem meist bergigen Land für die Landwirtschaft sinnvoll genutzt wird. Die kleine weiße Stadt hat wie Maskat keine Hochhäuser und wirkt sehr ländlich, obwohl die Straßen breit und asphaltiert sind.

Der Bus erreicht bald die Höhen des Hinterlandes und kleine Dörfer schmiegen sich an die Hänge und Bergkuppen. Bäume und blühende Sträucher beleben diese friedvolle Landschaft und ab und zu sehe ich kleine Herden von Ziegen, Schafen und Dromedaren.

Leider habe ich ausnahmsweise keine Sitzbank für mich alleine und bekomme nicht viele Möglichkeiten, gute Fotos zu machen. Aber am Grab steigen wir aus dem Bus, und dann nehme ich mir genügend Zeit, und fotografiere dort.

Idyllische Ruhe an der Küste von Salalah

Das würdige Ehrendenkmal eines tiefgläubigen Menschen

Auf einem Berg liegt das Grab des Hiob. Es ist in einem kleinen weißen Haus verborgen, das mit einer goldfarbenen Kuppel geschmückt ist. Ein Garten rundet mit seinen schön blühenden Sträuchern diesen außergewöhnlichen Ort ab. Von hier aus habe ich einen herrlichen Rundblick in die liebliche Hügellandschaft. Ganz in meiner Nähe plaudern Männer geruhsam unter einem Baum, und vereinzelt strecken Dromedare ihre Mäuler zu den Ästen, um sich dort ihr Futter zu holen. Eine wahrhaft biblische Idylle!

Hiob war - so erzählt das Alte Testament - ein gerechter und frommer Mann, der trotz viel Leid und Unglück unbeirrt an seinem Glauben festhielt. Aufgrund dieser kleinen Legende leitet sich das Wort „Hiobsbotschaft“ für schlechte Nachrichten ab, die Menschen erhalten.

Ich finde, dieser Mann hat ein schönes, Mut ausstrahlendes Ehrendenkmal bekommen.

Die Fahrt durch die Bergen endet bald, und ich kann nicht sagen, ob ich nun einen Weihrauchbaum gesehen habe. Ich kenne mich in Botanik nicht aus, der Reiseleiter hat uns leider

auf keinen Weihrauchbaum aufmerksam gemacht und das finde ich schade.
Zu guter Letzt besuche ich noch den Weihrauchmarkt Al Husn Basar in Salalah und denke: „Hier bekomme ich bestimmt die Stövchen, die mir zu meinen Geschenken noch fehlen."
Gemütlich schlendere ich durch diesen kleinen Markt und werde gleich mit dem wohlduftenden Weihrauch eingehüllt. Er riecht wirklich sehr angenehm. Etwas abseits finde ich in einem Laden die Stövchen, die mir gefallen, und ich bekomme noch ein Geschenk der besonderen Art dazu.
Ich frage hier das junge Mädchen, das mir die Stövchen verkauft und in einen schwarzen Tschador gehüllt ist, ob ich sie fotografieren darf. Ihre Augen blitzen kurz erfreut auf. Aber gleichzeitig wendet sie sich fragend ihrem Mann zu, der vor dem Laden steht. Nach kurzer Bedenkzeit gibt er mir freundlich seine Erlaubnis, und ich darf meine exklusive Aufnahme machen.
Schließlich schaue ich noch nach dem Palast des Sultans, der ganz in der Nähe des Marktes gelegen ist. Ich bewundere die Moschee mit ihrer prachtvollen Kuppel und ihren Minaretten, aber besonders schön finde ich wieder den quadratischen Uhrturm, dessen Baukunst mir in Doha schon so gut gefallen hat.
So langsam wächst meine Aufregung: Noch zwei Nächte und einen Tag auf See und ich bin im Land meiner Träume.
Da kommt durch den Lautsprecher eine niederschmetternde Nachricht: Der Kapitän hat aus dem Auswärtigen Amt eine Depesche bekommen, dass nördlich von Sanaa ein Attentat verübt wurde und unsere Einreise in den Jemen nicht gesichert sei. Eine Hiobsbotschaft!
Einen kleinen Moment lang erfasst mich eine tiefe Trauer, aber dann wecke ich das Gottvertrauen in mir. Ich bin unbeirrt davon überzeugt: Ich werde in das Land meiner Träume einreisen können!

Jemen

Nicht nur das Weltkulturerbe von Sanaa begeistert mich in diesem Land

13.Tag
Meine Anspannung steigt weiter an, und heute steht schon der ganze Tag im Zeichen des Jemen. Zwar habe ich nach wie vor keine Nachricht, ob wir in das Land einreisen dürfen, aber ich bin immer noch fest davon überzeugt: Ich werde Sanaa sehen!
Das Schiff fährt weiter nach Westen und ich weiß gar nicht mehr, ob ich die Uhr heute umstellen muss, ich wurde schon zu oft dazu aufgefordert. Auf jeden Fall befinden wir uns noch den ganzen Tag im Arabischen Meer und werden abends den Golf von Aden erreichen.
Meine Gedanken tauchen in die wechselhafte Geschichte des Jemen ein. Sie fesselt mich nachdrücklich, spannend und wechselvoll wie sie ist.

Die Geschichte

Dieses Gebiet im Süden der Arabischen Halbinsel wurde in der Antike von vier Königreichen geprägt. Im Südwesten, um Aden herum, hatten die Qatabanen ihr Reich, und die Hochburg der legendären Sabäer war in der Umgebung von Sanaa. Das dritte Königreich, Ma'in, wurde von einer Volksgruppe, die sich von den Sabäern abspaltete, gegründet und lag im Norden des Saba Reiches. Das vierte Königreich, Hadramaut, befand sich im Südosten am Arabischen Meer. Die vier Reiche bestimmten nicht gleichzeitig die Geschichte, sondern die Machtverhältnisse zwischen diesen Königreichen änderten sich laufend durch hartnäckige und kriegerische Auseinandersetzungen untereinander. Somit war der Erhalt oder der Niedergang eines Königreiches immer wieder von diesen bestimmt. Durch Südarabien führte zudem der wichtige Handelsweg von Rom nach Indien, denn selbst mit Kamelen konnte der Weg quer durch diese Wüste von Saudi-Arabien direkt nach Osten nicht überwunden werden. Diese Verkehrsroute führte also an der Westküste Saudi-Arabiens entlang nach Süden und zunächst durch den Jemen nach Osten in den Oman und erst dann weiter nach Indien. Es war die berühmte Weihrauchstraße.

Zweifellos wollte jedes Königreich den wichtigen Handelsweg kontrollieren und am Warenverkehr verdienen. Die begehrten Güter waren Weihrauch, Myrrhe, aber auch Textilien, Gewürze, Edelsteine, Öle, Felle und Getreide.

Im zweiten Jahrhundert n. Chr. endete die traditionelle Dynastie des sabäischen Reichs, denn die Äthiopier drangen erstmals aus Afrika in Südarabien ein, und sie vermischten sich mit den Sabäern. Aber sie wurden bald von den Himyariten vertrieben, die im Südwesten von Qataban heimisch waren. Diese Himyariten übernahmen nun die Macht in Saba, Qataban und Hadramaut, und zwar durch einen König, der daraufhin das große Himyar-Königreich gründete und später zum Judentum übertrat.

Auch die christliche Kirche betätigte sich zu der Zeit missionarisch, und sie ließ ihre Sakralbauten in Aden und Safar errichten. Der jüdische König verfolgte die Christen aber bald so hartnäckig, dass ihre Arbeit nicht von großem Erfolg gekrönt war.

Dennoch übernahm in diesem strategisch wichtigen Land ein christlicher Vize-König aus äthiopischem Geschlecht später die Macht im Himyar-Reich. Die Äthiopier brachten auch den Kaffee hierher, der noch heute hier angebaut wird.

Diese Begebenheiten geschahen alle, ehe dieses Land 628 von den persischen Sassaniden erobert wurde.

Auch breitete sich der Islam aus und Jemen wurde 661 durch die Omajaden eine Provinz von Damaskus und später, 812 nach Christus, eine Provinz von Bagdad, die Abbassiden übernahmen die Herrschaft. 897 wurde Imam Jahja Ibn Al Hussain aus Saada im Norden der erste saidistische Herrscher und die Saidisten drangen 1539 sogar bis nach Sanaa vor. 1538 eroberten die Türken Aden und die Küstenebene am Roten Meer. Die Jemeniten aus dem Hochland lehnten sich 1599 gegen sie auf und jagten sie im Jahre 1630 schließlich aus dem Land.

1709 durften die Franzosen durch ein Abkommen mit den Jemeniten eine Handelsniederlassung in Mocha am Roten Meer eröffnen, und die Engländer eroberten erst die Insel Perim im Golf von Aden und später Aden selbst.

Auch die Türken gaben nicht auf und besetzten 1849 die Küstenebene im Norden, nachdem die Ägypter diese Ebene 1840 verlassen hatten. Noch einmal kämpften die Jemeniten verbissen gegen diese Besetzung durch die Türken, und sie wurden 1911 belohnt: Imam Jahja bekam von den Türken die Anerkennung als geistliches und weltliches Oberhaupt für diese saidistische Volksgruppe.

Inzwischen hatten die Engländer das Hinterland von Aden eingenommen. 1914 bestimmten die beiden fremden Mächte England und Türkei durch ein Abkommen, dass dieses Gebiet im Süden von Arabien in zwei Länder aufgeteilt wurde; in den Nordjemen und in den Südjemen. Der Nordjemen wurde der größere Staat, die Hauptstadt war Sanaa, und er war islamisch geprägt. Der Süden bekam den Bereich um die südliche Ebene von Mocha am Roten Meer, das Gebiet um die Stadt Aden, die auch Hauptstadt wurde, und das Hadramaut. Auch stand er weiter unter englischem Einfluss. 1918 zogen die Türken endgültig ab, jedoch wurden viele Türken in den jemenitischen Staatsdienst übernommen, und auch die beiden Länder blieben bestehen.

Diese Geschichte ist sehr verwirrend für mich, und ich mache nun etwas Pause. Auch wartet das Mittagessen. Hinterher lege ich mich in die Sonne – ich finde sogar gleich eine Liege - und lasse mir wieder mal als besonderes Labsal den Wind um die Nase wehen. Mein Kopf wird frei. Auch halte ich genüsslich einen unverbindlichen Plausch mit Mitreisenden.
Etwas ganz Wichtiges vergesse ich ebenfalls nicht, obwohl es mir nie sonderlich viel Spaß macht. Ich laufe jeden Tag eine Zeit lang stramm über das Deck, damit die Gelenke nicht einrosten. Meine Wirbelsäule wird es mir danken, und ich möchte unbedingt die nächsten Erlebnisse mit Erfolg durchführen. Diese Reise strengt mich mehr an, als ich mir zu Hause vorgestellt habe, und ich stoße manchmal leider an meine körperlichen Grenzen.
Ich will nicht daran denken, sondern ich übe fleißig weiter, und ich entspanne mich effektiv.

Trotz des Abkommens zwischen den Engländern und Türken, zwei autarke jemenitische Staaten zu gründen, die aufgrund ihrer unterschiedlichen Kulturen nicht vereinbar waren, kam das Gebiet in Südarabien mitnichten zur Ruhe. Saudi-Arabien griff 1933 den Nordjemen an und machte Gebietsansprüche geltend. Auch wurde 1948 im Süden des Jemen der Imam Jahja ermordet. Imam Achmad übernahm die Macht und gründete mit Hilfe der Engländer das Königreich „Südarabische Föderation“. Nach seinem Tod 1962 wurde dieses Königreich durch eine Revolution gestürzt und eine Republik ausgerufen. Dieser Zeitpunkt war der Beginn eines langjährigen Bürgerkrieges, der in beiden Staaten, im Nordjemen wie im Südjemen gewalttätige Auswirkungen hatte. Im Südjemen radikalisierten sich die Menschen gegen die Engländer und im Nordjemen mischten sich die Ägypter wieder ein, die erst nach dem Sechs-Tage-Krieg gegen Israel 1967 endgültig abzogen.

Während im Süden aus dem Krieg gegen die Endländer durch Linksnationalisten eine „Demokratische Volksrepublik" nach marxistischem Vorbild erwuchs, hatte sich im Nordjemen der Islam endgültig etabliert und es wurde die „Arabische Republik" ausgerufen. Es gab nun noch immer zwei fragile jemenitische Staaten und die kriegerischen Streitigkeiten gingen unvermindert weiter. Es kam zu schwerwiegenden Grenzüberschreitungen zwischen den beiden Ländern, und im Nordjemen wurden die meisten Staatsmänner ermordet. Diese Tatsache trug entscheidend zur Instabilität des Nordjemen bei, bis 1978 Ali Abdullah Salih an die Macht kam, der bisher Militärgouverneur von Tai`zz war.
Erst am 22. Januar 1990 einigten sich die beiden Staaten auf eine Befriedung der Grenzen und öffneten sie. Im gleichen Jahr, nämlich am 22. Mai 1990 schlossen sich beide Länder zur „Republik Jemen" zusammen. 1993 fanden die ersten freien Wahlen statt, bei der alle Männer und Frauen über 18 Jahre das Recht hatten zu wählen. Es gab damals drei Parteien, die zur Auswahl standen und diese Wahl galt als das Modell für eine Demokratisierung in Arabien. Es siegte Ali Abdullah Salih. Dennoch kam das Land nicht zur Ruhe, und die demokratischen Bemühungen waren bald beendet. Salih wurde am 23. September 1999 zwar zum fünften Mal wiedergewählt, aber er hatte keinen Gegner mehr, da der Jemen inzwischen innerhalb von sechs Jahren zu einem Einparteienstaat geworden war; jedoch zu keinem islamischen Gottesstaat, obwohl 95% der Jemeniten islamischen Glaubens sind. 2006 wurde Salih abermals gewählt, aber diesmal hatte er in Feisal bin Schamlan einen sehr ernstzunehmenden Gegner; Salih behielt mit 77,2% der Stimmen das Vertrauen der Bevölkerung.
1990 unterstützte der Jemen den Irak im Golfkrieg, aber er normalisierte auch 1999 seine Beziehungen zu Kuwait. Auch arbeitet der Jemen in der Folge mit den USA gegen den Terror zusammen, obwohl sie ein gespanntes Verhältnis zu den Amerikanern haben.

Im Norden dieses geschundenen Landes gibt es heute erneut Unruhen, und zwar durch die Islamisten, die hier ihre Ausbildungslager haben sollen. Schon zu Zeiten der RAF in Deutschland wurden hier Terroristen ausgebildet, denn die Einsamkeit war ausgesprochen nützlich für ihre Pläne. Die Infrastruktur ist sehr schlecht und das Gelände gebirgig und rau, so dass es kaum zu kontrollieren ist. Es kommt immer wieder vor, dass diese Menschen zu Entführern werden, um Lösegeld für ihre grausamen Ziele zu erpressen. Im Jahre 2006 sind 23 Gefangene aus dem Hochsicherheitstrakt in Sanaa ausgebrochen, 13 davon waren Islamisten. Diese Tatsache bewog die Regierung, einen ungewöhnlichen Weg einzuschlagen, um das Problem des Terrors in den Griff zu bekommen: Es gibt heute Umerziehungsprogramme für Islamisten!
Aber nicht nur aus dem Norden droht diese Gefahr von Entführungen. Auch im Hadramaut gibt es sie, wenn auch aus einem anderen Motiv heraus, und es wird selten Lösegeld gefordert. Die dortigen Stammesführer wollen auf diese Weise ihre politischen Ziele durchsetzen, wie etwa die Entlassung von Stammesgenossen aus dem Gefängnis oder den Bau von Schulen und Straßen.
Diese Unruhe stiftende Art, an der Politik teilnehmen zu wollen, hat im Jemen durchaus Tradition, aber für mich ist sie doch sehr befremdlich.

Der „Arabische Frühling“ zeigt auch hier seine Wirkung. Dieses Mal wurde nicht nur gegen Präsident Salih demonstriert, sondern er wurde gestürzt, da er die Verfassung zu seinem persönlichen Machterhalt ändern wollte. Unter der Führung von Vizepräsident General Abed Rabbo Mansur al Hadi wurde mithilfe der Opposition eine Übergangsregierung gebildet, die am 7.12.2011 ihre Arbeit aufnahm und am 10.12. 2011 vereidigt wurde. Am 21.2.2012 fanden Neuwahlen statt, die General Hadi gewann, und die „Ära Salih“ war endgültig beendet.

Ein „Gesicht“ dieses erfolgreichen Widerstandes ist die Menschenrechtlerin Tawakkul Karman. Sie durfte am 10.12.2011 in Oslo den Friedensnobelpreis entgegennehmen; zusammen mit zwei Frauen aus Liberia in Afrika. Diese Tatsache ist einzigartig in der Geschichte Arabiens. Sie wird den Frauen in allen Ländern der Erde Mut machen, sich tatkräftig für ihre Rechte einzusetzen.

Inzwischen ist es Zeit, dass ich mich zum Abendessen umziehe, und ich weiß immer noch nicht, ob ich in dieses Land einreisen darf. Ich fasse mich in Geduld und vertraue meinem bejahenden Gefühl. Ich habe keine Angst, entführt zu werden. Wir werden nur einreisen dürfen, wenn keine potentielle Gefahr besteht. Außerdem fahren wir in einer großen Gruppe und mit einem einheimischen Bus durch das Land. Auch sind wir bei den für unsere Sicherheit verantwortlichen Stellen angemeldet, und der Bus wird die Hauptstraßen direkt nach Sanaa und weiter nach Hodeïda am Roten Meer benutzen. Wir befahren also keine Gebiete, in denen es nur Pisten gibt, an denen die Unsicherheit für Touristen am größten ist. Nach dem Abendessen kommt die erlösende Nachricht: Ich darf in mein Traumland einreisen!

14.Tag

Morgens erreichen wir sicher den Hafen von Aden. Das ist nicht selbstverständlich, denn ich erfahre später, dass das Schiff heute Nacht durch das berüchtigtste Seegebiet der Welt gefahren ist, in dem Piraten aus Somalia ihr Unwesen treiben.

Das Schiff muss auf Reede liegen. Am einzigen Kai für Kreuzfahrtschiffe hat ein amerikanischer Luxusliner den Platz eingenommen. An sich ist das nichts Besonderes, aber ich muss auf eines dieser von mir so ungeliebten, wackeligen Tenderboote steigen, damit ich an Land komme. Solange ich nicht

auf meiner Bank sitze, die ich für die nächsten zwei Tage wieder für mich alleine habe, fühle ich mich sehr angespannt. Ich kann die Umgebung noch nicht wahrnehmen, obwohl helfende Hände mir die Überfahrt erleichtern.
Ich habe es geschafft! Ich sitze im Bus, entspanne mich und mache es mir bequem. Dann lasse ich meinen Blick umherschweifen und ich fühle mich wie in einer anderen Welt. Keine weißen Häuser, keine schmucke Corniche und keine Moscheen mit schönen goldenen Kuppeln. Aber deswegen ist es hier beileibe nicht reizlos.
Der Hafen von Aden ist klein, und alte farblose Häuser ziehen sich an einer steilen Küste nach oben. Die Treppe, die zu dem kleinen Ort hinauf führt, scheint tausend Jahre alt zu sein, aber dennoch schaffen es Menschen, auf ihr hinauf zu steigen. Neben diesem kleinen Ort sehe ich in einem anderen steilen Berghang Höhleneingänge, in denen nach Überlieferungen in der Antike Menschen wohnten, und auch Metalle, wie z.B. Malachit schürften.
Es gibt einen modernen Teil von Aden, der außerhalb des Hafengebietes liegt und in dem schmucklose Hochhäuser an glitschigen Lehmflächen stehen. Die einzige Zierde an diesen Gebäuden sind die typisch jemenitischen Fenster, die wie ein Halbkreis aussehen, mit bunten oder einfarbigen Glasornamenten ausgefüllt sind und die normalen Fenster als Oberlicht abschließen.
Dennoch, etwas fasziniert mich von Beginn an außerordentlich in diesem Land: Hier wird das tätige und ärmliche Leben im Freien ausgeführt; nicht in Hektik, sondern mit stoischer Ruhe. Diese Stimmung vermittelt mir eine winzig kleinen Einblick in das tägliche Leben der Menschen, und wie sie es offenbar geduldig und lebensstark meistern. An der ganzen Straße, bis in die Hochebene hinauf, haben sich kleine Dörfer und vereinzelte Häuser angesiedelt. Die Menschen arbeiten in ihren offenen Werkstätten an den typisch jemenitischen Fens-

tern, oder sie reparieren betagte Autos, neben denen Unmengen von Reifen an den Straßen herumliegen. Sie verkaufen ihre Lebensmittel entweder in buntbemalten Läden oder an freien Ständen direkt am Straßenrand, sie bestellen ihre bescheidenen Felder am Wegesgrand oder sie stehen plaudernd in kleine Gruppen zusammen. Ab und zu winken die Männer uns auch freundlich zu. Die Straßen in den Städten sind mit einer „bewegten Schrottlawine“ überfüllt; wenigsten scheinen mir die meisten Autos Schrott zu sein, aber sie fahren und das ist das Wesentliche. Der Bus fährt zügig durch dieses organisierte Wirrwarr, und ich kann durch mein Fenster diesen genügsamen Gleichmut der Menschen sehr schön beobachten.
Meistens sind es Männer, die sich auf der Straße bewegen und viele dieser Männer sehen sonderbar aus, denn eine ihrer Backen ist auf merkwürdige Weise ausgebeult. Nur ab und zu sehe ich Frauen im schwarzen Tschador, die über die Straße laufen, aber ich sehe auch Frauen in wunderbaren Gewändern aus bunten Stoffen, die ihre Waren in einem Korb auf dem Kopf tragen. Hier wird deutlich, dass der afrikanische Einfluss der Äthiopier auf diese Weise noch weiterlebt.
Etwas Sonderbares fällt mir noch auf. Die meisten Menschen transportieren ihre Einkäufe in blauen oder rosaroten Plastiktüten. Unser Reiseleiter erzählt uns, etwas peinlich berührt, dazu eine kleine Geschichte: „Als die Chinesen vor Jahren geholt wurden, um hier Straßen aufzubauen, brachten sie als „Wohltat“ diese Tragetüten mit. Wir Jemeniten benutzen sie zwar, aber wir wissen nicht, wie wir sie nach Gebrauch weiter verwerten sollen, und Verbrennungsanlagen gibt es nicht. Sonst machen wir aus allem, was wir gebraucht haben, noch Irgendetwas anderes, das uns nützt. Die Chinesen sind inzwischen wieder zu Hause – sie wollten zu viel Geld für ihre Arbeit – aber leider nahmen sie ihre Plastiktüten nicht mit.“ Die „Moral von der Geschichte“ weiß ich noch nicht, aber ich soll sie bald kennenlernen.

Doch noch fährt der Bus durch die Vororte von Aden und ich mache mir Gedanken, wovon die Menschen im Jemen leben.

Wirtschaft, Kath und Infrastruktur

Die Ware, die aus dem Jemen am meisten exportiert wird, ist Erdöl, aber die Förderung ist sehr gering, und sie wird auch bald erloschen sein - jedenfalls ist dieses Land durch die Ölexporte nicht reich geworden. Auch Erdgas ist vorhanden und die Amerikaner haben mitgeholfen, eine Verflüssigungsanlage zu errichten, damit das Gas in Tankwagen und Schiffen abtransportiert werden kann. Aber auch hier ist die Fördermenge nicht so groß, als dass sie den Verlust aus dem Export des Erdöls ausgleichen könnte.

Mit Hilfe der Weltbank wird inzwischen eine umfassende Fischindustrie unterstützt, indem Kühlhäuser und Fertigungsfabriken gebaut werden und die Jemeniten Arbeitsplätze haben. Der Fischbestand vor den Küsten des Jemen ist so umfangreich,

Dieser Junge reicht zum Fleisch die rote Sauce Sakawqa

dass Thunfische, Haie und Sardinen in großem Stil gefangen werden können. Fischprodukte sind schon heute die zweitgrößte Exportware dieses Landes.

Es befinden sich in den Bergen zwar fruchtbare Böden, die auch landwirtschaftlich genutzt werden, aber beim Aufbau einer effektiven Landwirtschaft gibt es ernsthafte Probleme.

Erst einmal ist Wasser nur begrenzt vorhanden. Es regnet zwar jedes Jahr etwas, aber die Wasserressourcen sind schlecht gemanagt, die Zisternen sind verrottet, und es werden zu viele Brunnen gebaut, so dass der Wasserspiegel sinkt. Es gibt keinen staatlichen Institutionen, die diese Mängel sichtbar machen und sie dann durch Ausbildung der Arbeiter beheben könnten. Dabei wachsen in diesem Land so viele Sorten an Obst und Gemüse, wie z.B. Melonen, Papaya, Bananen, Okraschoten, Dicke Bohnen, Peperoni und Dattelpalmen. Auch wird Hirse und Kaffee angebaut und nicht zu vergessen: Im Osten wächst der Weihrauchbaum. 50% der gesamten Bevölkerung arbeiten in der Landwirtschaft.

Allerdings wird hier auch das Kath vermehrt angebaut, das mittlerweile eine Volksdroge geworden ist. Es nimmt inzwischen große Flächen des kostbaren Ackerlandes in Anspruch, und die Menschen im Jemen können sich deswegen nicht mehr aus eigener Kraft ernähren.

Der Kath-Baum wird normalerweise 20 Meter groß und wächst am besten in Höhen von 1.500 bis 1.800 Metern über dem Meeresspiegel. Aber er wird in Äthiopien, Somalia und dem Jemen in Strauchkulturen angepflanzt, die nur fünf Meter hoch werden und dann auch viel des kostbaren Wassers benötigen. Diese Art des Anbaus hat einen triftigen aber auch bitteren Grund. Die ungeteilten, gezackten Blätter sowie die Zweigspitzen des Kath-Baums haben eine berauschende Wirkung, wenn sie gekaut werden. Da die Blätter aber ihre berauschende Wirkung nur in den ersten 36 Stunden entfalten, müssen sie schnell gepflückt und transportiert werden, und diese Arbeit ist bei einer Strauchhöhe von fünf Metern besser und schneller zu bewältigen

Die Inhaltsstoffe dieser Blätter sind das Kath, auch „Abessinischer Tee“ genannt, das eine ähnlich stimulierende Wirkung wie Coffein hat. Außerdem enthält Kath noch verschiedene Arten von Ephedrinen (Aufputschmittel). Diese Blätter sind eine lukrative Einnahmequelle für einzelne Geschäftsleute, zumal die Einfuhr nach England und in die Niederlande legal ist. In Deutschland ist die Einfuhr von Kath verboten, denn es unterliegt hier dem Betäubungsmittelgesetz.

Diese Droge berauscht aber die Menschen nicht nur, sondern sie nimmt ihnen auch das Hungergefühl. Außerdem steigert sie das Bedürfnis, sich mitzuteilen. Demzufolge ist die Droge im Jemen gesellschaftsfähig, und sie wird bei politischen Besprechungen und sozialen Treffen, wie zum z.B. bei Verhandlungen von Eheverträgen gekaut.

Die Blätter werden morgens gepflückt und verkauft, wobei die Qualität der jungen und zarten Blätter und Zweigspitzen am besten und am teuersten sind. Sie werden in eine Backentasche gelegt und mit dem Speichel vermischt. Deswegen haben die Verbraucher immer eine Wasserflasche bei sich und trinken viel Wasser, damit der Speichelfluss nicht versiegt. Danach wird diese Masse nach und nach aus der Backe herausgeholt und gekaut. Der Saft wird geschluckt, er enthält die Wirkstoffe, und die Reste werden verstohlen ausgespuckt. Die euphorisierende Wirkung hält etwa zwei Stunden an, danach tritt Müdigkeit und Apathie ein, so dass die Tatkraft und Redseligkeit der Menschen schlagartig erlahmt.

Kath erzeugt zwar eine psychische Abhängigkeit, aber sie ist nicht mit der Wucht einer grausamen Sucht, wie durch Kokain oder Heroin, zu vergleichen.

Andere Folgen fallen aber durchaus ins Gewicht. Bei größerem Missbrauch durch Kauen des Rauschmittels können Magenkrämpfe, Erbrechen, Kreislaufkollaps und sogar schwere Ver-

giftungen auftreten. Männer können impotent werden und Frauen erleiden vermehrt Fehlgeburten oder die Babys haben ein extrem niedriges Gewicht. Bei Dauerkonsum von Kath sind Mundschleimhautkarzinome nicht selten, es tritt Schlaflosigkeit auf, und das soziale Verhalten verändert sich auf verheerende Weise. Das „Kath-Kauen" ist ein Teufelskreis, der im Zusammenhang mit der Apathie einer wirtschaftlichen und gesellschaftlichen Katastrophe gleichkommt.
Diese Einsichten bewegten den letzten Staatschef des Jemen, Ali Abdullah Salih, sich grundsätzlich und öffentlich vom „Kath-Kauen" loszugesagen. Er wollte so versuchen, dem „Kath-Kauen" die gesellschaftliche Akzeptanz abzusprechen, um die Folgen für sein Land einzudämmen.

Jetzt weiß ich, was es mit den aufgeblähten Backen auf sich hat, die ich immer wieder bei den Männern am Straßenrand beobachte. Sie kauen Kath!
Der Reiseleiter erzählt uns: „Früher haben die Menschen Kath gekaut, weil es den Hunger und den Durst nimmt, und sie in ihrer Not keine andere Lösung fanden. Heute kauen zu viel Männer und auch Frauen diese Droge, so dass dadurch unser Land ins Unglück gestürzt wird, und wir wissen nicht, wie wir das Problem dieser Sucht in den Griff bekommen können. Die Arbeit in unserem Land erlahmt in den Nachmittagsstunden aufgrund des Kath-Kauens vollständig."
Ich kann bisher keinen Stillstand der Arbeit erkennen, denn es ist Vormittag und an den Straßen herrscht noch eine gemächliche Betriebsamkeit. Wir fahren weiter nach Norden, und ich ergötze mich an diesem betriebsamen Leben. Auch setze ich mich wieder mit dem auseinander, was ich noch über den Jemen gehört habe.

Ein weiteres Problem für die Wirtschaft dieses Landes ist die Stromversorgung, die auf diesen großen und oft unerreichbaren Landflächen mangelhaft ausgebaut ist. Der Jemen ist eineinhalbmal so groß wie Deutschland und hat nur etwa 12 Millionen Einwohner. Auf dem Land verfügen weniger als 50% der Bevölkerung über eine ausreichende Stromversorgung, und selbst in den Städten hat ein Viertel der Einwohner keinen Strom in ihren Häusern. Diese Mangelversorgung an Energie wirkt sich somit auch massiv auf die Produktionen von Waren aus.

Es werden zwar große Bemühungen unternommen, direkt vor Ort Strom aus erneuerbaren Energien herzustellen, aber diese Art der Erzeugung ist sehr teuer, und Geld ist im Jemen auch Mangelware.

Der Treibstoff für die Lastwagen, mit denen die Waren transportiert werden, ist ebenfalls sehr teuer, allerdings wird er vom Staat subventioniert. Nach einem mit dem IWF ausgehandeltem Reformprogramm, durch das Lösungen für die Probleme des Landes erarbeitet werden sollten, wurden diese Subventionen für Treibstoff aber vom Staat zurückgenommen. Zudem wurden aus dem Überschuss der Einnahmen die Renten und Gehälter der Staatsdiener finanziert. Darüber war die Bevölkerung so erbost, dass im Land schwere Unruhen ausbrachen, und der Staatschef Salih gezwungen war, die Subventionen auf Treibstoff wieder einzuführen.

Die Infrastruktur im ganzen Land ist schlecht, und alle Güter müssen mit Lastwagen über abenteuerliche Landstraßen transportiert werden. Es gab zwar mal einen Schienenverkehr, aber der wurde nach kurzer Zeit wieder eingestellt. Flughäfen gibt es nur in den Städte Aden, Hodeïda, Tai'zz und Sanaa, sowie zwei an der Südküste von Hadramaut, aber sie können in diesem großen und unwegsamen Land kaum zur Verbesserung der Infrastruktur beitragen.

Der Tourismus hat im großen Stil keine Chance. Es gibt an den Küsten und in der fürwahr grandiosen Landschaft kaum Hotels. Darüber hinaus sind markante Sehenswürdigkei-

Die „Buschtrommeln“ sagen: Fremdlinge sind in der Stadt

ten rar, wenn man von der Altstadt von Sanaa absieht. Auch die instabile Sicherheitslage hat den Fremdenverkehr wieder zurück gedrängt, der schon einmal etwas angewachsen war.

Wir verlassen Aden und erreichen eine kleine Sandwüste. Ab und zu verbergen sich Grünflächen in kleinen Mulden, oder sie liegen direkt an der Straße. Je weiter wir nach Norden fahren, umso mehr werden die imponierenden Sanddünen von Bergen abgelöst. Dörfer liegen idyllisch an den Hängen der Berge oder auf kleinen Hügel; sie sehen so friedvoll, aber auch lebendig aus. Die Häuser sind aus grauem Naturstein gebaut, der aus dem Berg geschlagen wird, und ich habe das Gefühl, als seien die Behausungen und der Mensch eins mit der rauen Landschaft. Ab und zu stehen Akazien im Gelände, und hier sehe ich zum ersten Mal die Auswirkungen der Plastiktüten. Diese Tüten hängen wie unnatürliche Blüten in den Bäumen oder „bepflastern“ weite Flächen in der Wüste. Die Dörfer haben zwar nun etwas mehr Farbe, aber den Einwohnern wäre es sicher lieber, wenn sie ihre ärmlichen Heimatdörfer mit Blumen, Sträuchern oder den herrlichen Fenstern malerischer gestalten könnten.

Was machen die Bewohner nun mit diesen Plastiktüten? Sie lassen sie einfach liegen, und der Wind weht sie millionenfach weiter zum nächsten Ort. So wird eine herrliche Landschaft zugemüllt, und die „Wohltat“ wird zum Fluch.
Nun erreichen wir Tai'zz, eine Stadt mit etwa 800.000 Einwohnern. Sie liegt auf 1.300m Höhe und ist in die auslaufenden Anhöhen des höchsten Berges, des Jabal Sabr eingebettet, der auf 3.000m empor steigt; es sollen 13 Anhöhen sein, aber ich habe sie nicht gezählt. Unterhalb einer dieser Anhöhen liegt ein Aussichtpunkt, zu dem unser Bus nun fährt. Um dorthin zu kommen, muss er sich durch eine sehr enge Bergstraße nach oben winden, und das ist schon ein kleines Abenteuer für mich, da ich im Moment die Fahrkünste unseres Busfahrers bewundere.
Jetzt stehe ich hier oben und was ich sehe, raubt mir den Atem, denn der Anblick dieser Stadt ist von einem eigentümlichen Reiz. An diesen vielen Anhebungen liegt ein quirliges Gewirr von kleinen weißgetünchten oder in Naturstein gebauten Häusern, das nur vereinzelt von farbigen Hochhäusern unterbrochen wird. Durch die Wolken wird dieses Gewirr von Häusern mal in dunkle Schatten, mal in helles Licht getaucht.
Ein alles überstrahlendes tieforangefarbenes Blütenmeer aus einzeln stehenden Bäumen aber erzeugt in diesem Licht- und Schattenspiel über der Stadt den unerklärlichen und hinreißenden Anblick, und ich ergötze mich an der Schönheit des Augenblicks.
Schließlich löse ich mich von meinem Glücksgefühl und schaue mich weiter um. Auf einem heraus ragenden Berg direkt hinter mir liegt die Kairo Festung, die heute noch als militärische Einrichtung genutzt wird. Sie ist mit einer weißen und mächtigen Mauer umgeben, und unterhalb dieser Festung steht die strahlend weiße Al-Ashrafiya-Moschee. Auf anderen Bergen sehe ich noch einige Wehrtürme in Lehm, und direkt vor mir erblicke ich ein bezauberndes Kleinod: Eine mit bunten Ornamenten bemalte Tür in ihrem grauen Mauerwerk. Sehr schön!

Durch diese Stadt gehe ich nun gleich und ich muss aufpassen, dass ich den Reiseleiter mit seinem Schild nicht aus den Augen verliere. Durch meine unerschöpfliche Neugierde vergesse ich gerne die Zeit, und verliere damit auch schnell den Anschluss an die Gruppe.

Ich erreiche die Al-Ashrafiya Moschee. Vor ihr hat ein Händler seinen Stand aufgebaut, an dem bunter Glasschmuck zum Verkauf angeboten wird. Die „Buschtrommel" funktioniert auch hier gut, wenn Fremdlinge in die Stadt kommen.

Ich muss gestehen, dass ich nicht in die Moschee gehe, weil ich zu fasziniert von dem beschaulichen Leben bin, dass ich um mich herum verspüre. An einer Mauer stehen drei Ziegen, zwei weiße und eine schwarze, die ihr Futter aus einem aufgerissenen Müllsack mit buntem Inhalt suchen. Ein Mann sitzt auf einem kleinen Mäuerchen und trägt ein befremdlich wirkendes rotkariertes Beingewand, ein weißes Hemd und eine graue Weste. Sein Kopf ist kunstvoll mit einem weißen Tuch umwickelt, und er lässt sich geduldig von uns fotografieren; ein bemerkenswerter Umstand, denn wir wurden deutlich darauf hingewiesen, dass wir sehr zurückhaltend mit dem Fotografieren von Menschen sein sollen.

Ein mit Ornamenten reich verziertes weißes Minarett ragt in den Himmel empor, und an einem Mauerwerk entdecke ich ein schlichtes Gemälde: Eine arabische Schriftzeile ist in rosa Farbe geschrieben, darüber ist eines dieser typischen Halbrundfenster gemalt, und daneben wirft eine blaue Sonne ihre Stahlen aus dem Mauerwerk.

Diese unverdrossenen Bemühungen, mit der die Menschen hier immer wieder etwas Farbe in ihr ärmliches Dasein bringen, berühren mich zutiefst.

An manchen Hauswänden sehe ich noch alte, aus Lehm gehauene Ornamentfriese, aber es sind nur die Moscheen, die einen herausgeputzten Eindruck hinterlassen. Ich sehe gerade eines dieser gepflegten Gebäude vor mir, mit einem strah-

lend weißen Minarett und mit türkisgrünen Ornamenten an Wänden und um die Fenster.
Ich schlendere weiter über den Markt, der nun nicht mehr allzu belebt ist. Es ist Nachmittag und einige Männer dösen schon vor sich hin, sind wohl der „Kath-Lethargie“ erlegen, die um diese Zeit die Arbeit im Jemen lahm legt. An einigen Ständen wird jedoch noch knackiges Gemüse verkauft sowie einige andere Lebensmittel, die ich nicht kenne. Auf zwei blitzsauber geputzten Metalltabletts sehe ich kleine Stücke von frischem Fleisch, und daneben steht ein Schälchen, in dem eine kräftig rote Sauce schwimmt.

Die jemenitische Küche

Das Nationalgericht im Jemen ist Saltah, eine Eintopf, in dem Geflügel, Lamm oder Rindfleisch mit Bockshornklee zusammen gekocht wird. Dann wird er noch mit einer Paste, Sahowqa gewürzt, die aus reichlich Chili, Knoblauch und anderen Gewürzen hergestellt wird. Verfeinert wird dieser deftige und scharfe Eintopf mit verschiedenen Gemüsen sowie Kartoffeln oder Reis.
Die Vielfalt der Gewürze, wie Kardamom, Kreuzkümmel, Koriander, Kumin oder Kurkuma, sowie der Gemüse, wie Linsen, getrockneten Bohnen, Auberginen, Tomaten oder Okraschoten geben den jeweiligen Gerichten ihren eigenwilligen Geschmack. Dazu wird immer Brot, Fladenbrot (Pita) oder Baguette serviert, das gleichzeitig als Besteck fungiert. An den Küsten wird auch viel Fisch gegessen, der ebenfalls mit Bockshornklee zubereitet wird. Auch die Getreide Burghul und Sogrum werden zu schmackhaften Speisen verarbeitet.
Erstaunlicherweise isst man im Jemen kaum Süßspeisen, und wenn ja, werden sie mit Honig gesüßt.

Obwohl der Kaffee vom Jemen aus verbreitet wurde und der Name Mokka von der Hafenstadt am Roten Meer Al Mocha abgeleitet wird, trinken die Jemeniten vorwiegend Tee. Dem Tee werden Kardamom, Minze oder Gewürznelken zugefügt. Auch werden hier gerne Mineralwasser und Säfte getrunken. Alkohol ist in diesem islamischen Land verpönt, denn fast alle Bewohner sind Muslime.

Ich bekomme leider nie die Gelegenheit, die jemenitischen Speisen zu kosten, aber ich finde, die Zutaten versprechen einen herzhaften und scharfen Geschmack.
Auf dem Markt hockt nur eine Frau vor einigen Salatblättern, die in einem Korb liegen. Ihre Haare sind mithilfe eines leuchtend weißen Tuches mit hellgrünen Punkten bedeckt, das auch den Körper locker umhüllt, und eine orangefarbene Blüte strahlt aus einer Tuchfalte heraus. Sie hebt sich mit ihrer hellen Kleidung, ihrem dunkelhäutigen und jungen Gesicht und ihrer anmutigen Haltung natürliche und frisch aus dem Anblick des farblosen Marktes und der dösenden Männer hervor.
Diese unverfälschte und heimatliche Atmosphäre begeistert mich wieder über alle Maßen!
Nach dem gemächlichen Spaziergang über den Markt verlassen wir die Stadt, die auf mich einen unvergesslichen Eindruck ausgeübt hat.
Wir fahren weiter nach Norden zum 2.250m hohen Nagil as Sayyani.
Ich freue mich, dass ich viele Wolken am Himmel sehe, die durch ihre ständige Bewegung die Berglandschaft in sich laufend verändernde Lichtverhältnisse tauchen. Mal erstrahlen die Berge in herrlicher Sonne, mal werfen sie Schatten in die Höhen und Täler, und mal wirkt die karge Landschaft düster und bedrohlich. Das wechselnde Licht betont den Reiz dieses Landstriches auf unvergleichliche Weise.

Ich finde es hier so wundervoll, dass ich den Blick niemals von dieser Schönheit abwende. Somit nehme ich kaum wahr, dass der Bus auf einer ungesicherten Straße langsam am bedrohlich tiefen Abhang entlang nach oben rollt. Ich habe keine Zeit für meine Angst, denn ich versinke in meiner Glückseligkeit ob dieser Vollkommenheit der Natur. Auch vertraue ich dem Fahrer und seinem Können; er fährt derartige Straßen jeden Tag.

Als wir den Bergpass erreichen, kann ich für eine kurze Weile austeigen und mir die Beine vertreten und ich entdecke einen Jungen, der auf seinem kleinen Esel nach Hause reitet. Er wirkt in dieser machtvollen Bergwelt so verloren und einsam. Wir erreichen nun Jiblah, eine kleine Stadt mitten in den Bergen. Es ist die Geburtsstadt der einzigen Frau, die außer der legendären „Königin von Saba" das Sabäer-Reich einst regierte. Ihr Name war Sai'yda Arwa Bint Achmad.

Auch hier ziehen sich kleine Häuser auf einen Berg hinauf, und die Sai'yda Arwa Moschee mit ihren weißen und weinrot geschmücktem Minaretten ragt aus diesem Häusermeer heraus. Außerdem entdecke ich ein einzeln stehendes Haus, an dem ich über drei Stockwerke unterschiedliche Formen von Halbrundfenstern ausmachen kann. An diesen Fenstern erfreue ich mich jedes Mal, wo immer ich sie sehe.

Hier ist der einzige Ort auf der ganzen Reise, an dem ich nicht genug Zeit bekomme, um meine Neugier zu befriedigen. Aber das hat seinen Grund, denn der Bus muss noch die ungesicherte Straße zum 2.950m hohen Nagil Sumara fahren. Es ist schon 18:30 Uhr und die Nacht fällt gleich stockfinster herein.

Schlagartig fällt mir ein, dass ich schon einmal so einer Situation ausgesetzt war, und zwar bei einer Passüberquerung in den südamerikanischen Anden. Damals hatte nicht nur ich große Angst, sondern auch die anderen Menschen in dem kleinen Bus verbreiteten sie spürbar in einer atemlosen Stille,

die noch von einer Frau bestärkt wurde, indem sie ihre Furcht wie ein Wasserfall herausredete. Niemals werde ich diese beklommene Atmosphäre vergessen.
Gottlob wartet ein Polizeiwagen auf uns, der dem Busfahrer sicheres Geleit über den sehr stark befahrenen Pass geben wird, und ich atme vor Erleichterung tief durch. Ich entspanne mich in meinem Sitz, und die Überfahrt des Nagil Sumara wird für mich zu einem großen Erlebnis.
In den Bergdörfern leuchten des Öfteren diese von mir so geliebten Halbrundfenster in ihrem bunten Licht und verwandeln die Finsternis in eine geheimnisvolle Märchenlandschaft. Was ist das nur für ein verzauberter Augenblick!
Um 22:30 Uhr erreichen wir unser Hotel in Sanaa, und ich beende diesen aufregenden Tag mit einem köstlichen Abendessen und einem fantastischen Blick auf die hellbeleuchtete Stadt.

15.Tag
In dieser Nacht habe ich nicht gut geschlafen, da ich zu aufgeregt bin. Ich schaue aus dem Fenster und sehe nun bei Tageslicht Sanaa in einer großflächigen Hochebene vor mir liegen, die von hohen Bergen umgeben ist. Der höchste Berg ist der Jabal Ayban mit 3.187m über dem Meeresspiegel.
Endlich habe ich die Stadt meiner Träume erreicht! Ich kann es kaum noch erwarten, durch die Altstadt zu streifen, um mir das Weltkulturerbe anzuschauen. Ich muss mich jedoch in Geduld fassen. Auch wenn ich mich noch so sehr bemühe, von hier aus kann ich keines der berühmten Hochhäuser sehen.
Also frühstücke ich erst einmal in Ruhe, und dann schaue ich mich etwas um, wie es im Umfeld des Hotels aussieht. Es liegt unterhalb einer Bergkette, an deren Grat sich Häuser klammern, und ein kleiner Park, der mit schönen Bäumen und Hecken bepflanzt ist, hebt sich wohltuend von den grauen Felsen ab. Dieses kleine Panorama sieht in der Morgensonne sehr malerisch aus.

Es ist noch sehr früh, so dass ich viel Zeit haben werde, durch die Altstadt zu laufen und Sanaa zu erkunden.

Sanaa

Die Stadt Sanaa liegt 2.200m über dem Meeresspiegel und ist heute das politische, kulturelle und wirtschaftliche Zentrum des Landes. 1975 verzeichnete die Stadt nur 135.000 Einwohner, doch heute leben hier fast zwei Millionen Menschen.
Die Altstadt zählt seit 1988 zum Weltkulturerbe der UNESCO. 1995 wurde sie mit dem „Aga Khan Award for Architecture" ausgezeichnet, da das Weltkulturerbe vorbildlich und erfolgreich restauriert wurde. 2004 war sie die arabische Kulturhauptstadt, und ihr Logo war das typisch jemenitische Halbrundfenster mit Gitterornamenten und Bunt Glas.
Das besondere an der Altstadt von Sanaa ist, dass hier die ältesten Hochhäuser (Turmhäuser) der Weltgeschichte erbaut wurden, die noch heute bewohnt sind.

Endlich: Ich sehe das Weltkulturerbe von Sanaa

Mitte des 6. Jahrhunderts wurde Sanaa zum ersten Mal Hauptstadt des Jemen, und in dieser Zeit wurde auch eine Kirche gebaut, deren Reste allerdings nie gefunden wurden. Als die Araber 635 die Macht in Sanaa übernahmen, bauten auch sie ihre Gotteshäuser, sowie Lager-und Wohnhäuser hier auf, aber auch diese Gebäude sind nicht mehr erhalten, denn Sanaa wurde mehrmals fast vollständig zerstört.

Die heutige Altstadt stammt überwiegend aus dem 18. und 19. Jahrhundert, und wenn man genau hinschaut, kann manchmal noch ein osmanischer Einfluss erkannt werden, wie z.B. die geschlossenen Holzbalkone vor den Fenstern der Frauengemächer. Sie bietet in großen Teilen ein Bild des islamischen Gemeinwesens der frühen Entwicklungsphasen, in der die städtische Kultur mit ihrer natürlichen Umgebung im Einklang stand. So wurden vorwiegend regionale Baustoffe wie Granit, Alabaster und brauner Lehmziegel verwendet, die im Hochland von Sanaa gehauen wurden, und auf der Rückseite der Bürgerhäuser sind heute noch die Gärten vorhanden, in denen Obst und Gemüse angebaut werden. Die Turmhäuser stehen mit ihrer Frontseite dicht nebeneinander an engen Gassen oder kleinen Plätze, und sie fallen durch ihren einzigartigen Baustil auf.

Die Häuser haben fünf bis acht Stockwerke und die innere Aufteilung ist den islamischen Gebräuchen angepasst. So sind die Mauern des Erdgeschosses in Granit gebaut, wohinter sich eine große Eingangshalle verbirgt, die von Lagerhallen oder auch Ställen umgeben ist. Eine Treppe führt an der Halle vorbei zum Obergeschoß, und von einer Galerie aus kann man die Halle sehr gut übersehen.

Derartige Erdgeschosse gehören zu der typischen jemenitischen Verteidigungsarchitektur, die lange Zeit notwendig war; noch 1948 wurde Sanaa von Stammeskriegern ausgeplündert. Gegenwärtig sind in den Erdgeschossen manchmal kleine Ladengeschäfte eingebaut, und so verlieren die Häuser ihren Bollwerkcharakter.

In jedem Haus wohnt eine Familie, die allerdings sehr groß sein kann. Im Obergeschoss befindet sich das „Große Wohnzimmer“, das dem Empfang von Gästen oder den Familienzusammenkünften dient. In der zweiten Etage, über dem „Großen Wohnzimmer“ befindet sich der sogenannte Diwan, an dem Familienhochzeiten, Geburten und hohe feierliche Feste zelebriert werden.

Die dritte Etage ist für die Frauen bestimmt. Sie wohnen und arbeiten hier in kleineren Räumen, und kein Mann darf diese Räumlichkeiten betreten. Deswegen heißt diese Etage auch „Harem“. Hier wohnen die Mutter des Hausherrn, die Ehefrau, unverheiratete Schwestern, Schwägerinnen und Kinder. Falls der Hausherr mehrmals geheiratet hat, dürfen die anderen Frauen nicht hier wohnen. Auch die Küche ist in diesem Stockwerk eingebaut, und das aus einem praktischen Grund. Vom dritten Stockwerk aus können sowohl die tiefer liegenden als auch die oberen Stockwerke bequem versorgt werden. Die oberen Etagen sind dem Hausherr vorbehalten. Dabei spielt das oberste Stockwerk, Mafradsch, eine entscheidenden Rolle. Der Hausherr hält hier mit Freunden die „Kath-Sitzungen“ ab, auf denen Familienangelegenheiten, politische Entscheidungen oder die Situationen des Staates und der Gesellschaft diskutiert werden. Die Mafradsch ist manchmal auch nachträglich auf dem flachen Dach entstanden.

Jeder Raum hat also seine Bestimmung und ist auch dementsprechend eingerichtet. So sind die wesentlichen Merkmale z.B. im „Großen Wohnzimmer“ die Sitzkissen, die an den Wänden auf dem Boden liegen, und kleinere Kissen, die den Körper vor der Kälte aus der Wand schützen. Der Boden ist mit Teppichen oder Matten ausgekleidet. Kleidungsstücke können in einer kleinen Wandnische an einem Nagel aufgehängt werden, und bevor man den Raum betritt, müssen die Schuhe ausgezogen werden.

Falls der Hausherr wohlhabend ist, baut er sich in sein Mafradsch ein besonderes Schmuckelement in eine Fenster-

Ein moderner Bewohner vor einem „Turmhaus“

höhle ein; ein Fenster aus Alabastergittern, die mit Buntglas ausgefüllt sind. Das Besondere ist: Es werden zwei Gittermuster eingesetzt, eins nach innen und eins nach außen schauend, sodass beim Blick gegen das Tageslicht ein drittes Muster entsteht, in dem sich die beiden Muster überschneiden.

In das Innere eines Hauses gelangen die Besucher nur in einem Museum, aber die Fassaden können sie nach Herzenslust bewundern.

Das Mauerwerk im Erdgeschoss ist also aus Granit erbaut, und die Mauern darüber sind aus braunen Lehmziegeln gearbeitet. Auf ihnen sind die berühmten und bemerkenswerten Stuckarbeiten und Fenster eingebracht.

Die ältesten Häuser kann man an den runden Fensteröffnungen, Al Qamariya, erkennen, in die dünne Alabasterplatten eingesetzt sind. Alabasterfenster erzeugen ein milchiges und angenehmes Raumlicht. Da die dünnen Alabasterplatten aber sehr brüchig sind, mussten sie immer wieder erneuert werden, und das ist teuer. Somit etablierte sich die Kunstform der halbrunden Oberlichter, die nicht nur schönes Licht geben und der Dekoration dienen, sondern sie tragen auch zur Belüftung der Räume bei.

Alabaster ist eine feinkörnige und durchscheinende Gipsart, die leicht glänzt und ausgesprochen schön aussieht.
Später wurde für die Stuckarbeiten sogenannter Stuck verwendet, der eine Mischung aus Gips, Sand und Kalk ist und schnell aushärtet.
Ein anderes offensichtliches Merkmal einer Hausfassade sind die weißen Einfassungen der Fenster. Mit diesem weißen Baustoff sollen die Fenster betont werden. Die weiße Masse ist kein Stuck, sondern „Al Qadhadh", das eine wasserabweisende Eigenschaft hat. Es wird auch auf Hausdächern, auf Moscheekuppeln und in Bädern verwendet.
An den horizontal verlaufenden, weißen Ornamentbändern kann man erkennen, wie viele Stockwerke ein Haus hat und jedes Haus hat seine eigenen Stuckarbeiten, die in ihrer Vielfalt und Schönheit wahrhaftig einzigartig in der Welt sind.
Auch Moscheen befinden sich in der Altstadt, aber sie haben ob dieses grandiosen Städtebaus keine touristische Bedeutung.
Jedoch zieht die Besucher noch etwas anderes an, denn es ist ein Erlebnis, über den hiesigen Markt zu schlendern. Er ist nicht überdacht - wie die meisten Märkte in der arabischen Welt -

Der afrikanische Einfluss zeigt sich im bunten Gewand

und besonders der Silbermarkt hat eine große Bedeutung. Hier werden die berühmten jemenitischen Dolche verkauft.

Die Altstadt ist von einer Mauer umgeben, und durch ein Tor in dieser Mauer schreite ich nun. Es ist um diese frühe Zeit noch menschenleer, so dass ich geruhsam durch das Viertel schlendern kann. Ich muss nur darauf achten, dass ich das Schild unseres Reiseführers nicht aus den Augen verliere, denn sonst verirre ich mich hoffnungslos.
Jetzt sehe ich mit eigenen Augen, mit welcher Vielfalt und Schönheit die Häuserfassaden mit ihren Stuckarbeiten, Fenstern, Figuren und nicht zu vergessen, den Dachzinnen gestaltet sind. Auch die unterschiedlichen Höhen und Breiten der Turmhäuser, die dicht nebeneinander stehen und offensichtlich heute noch bewohnt sind, geben dem Stadtbild einen lebendigen Charakter. Ich streife genüsslich durch die Altstadt und tauche mit allen Sinnen in die einzigartige Baukunst ein. Auch die friedvolle Atmosphäre diese Viertels beeindruckt mich zutiefst, und ich empfinde diesen Streifzug als unvergessliches Abenteuer: Diese Altstadt von Sanaa ist grandios schön und mit ihren engen Gassen und grünen Gärten sehr beschaulich!
Wir erreichen den breiten und ausgetrockneten Flussgraben Saila, der sich durch die Altstadt zieht. Hier öffnet sich der Blick weiträumig und ich bin gefesselt von dem neuen, anderen Bild, das sich mir bietet. Ich stehe vor dem modernen Logo der Kulturhauptstadt von 2004, das in einer Mauer mit Arkaden eingebettet ist. Dahinter erheben sich die alten Turmhäuser in ihrer Pracht. Davor steht ein Lieferwagen, dessen Wände mit bunten Gemälden verziert sind. Abgerundet wird dieses andere Stadtbild von einer Frau, die mit ihrem afrikanisch bunten Gewand an der Saila steht und ein Gefäß auf dem Kopf trägt. Auch die „Große Moschee" mit ihren Minaretten kann ich sehen.

Diesen Einklang zwischen Altertum, Tradition und Moderne finde ich herrlich!
Ich weiß nicht, wie lange ich schon durch die Gassen laufe, aber so langsam füllen sie sich mit Menschen und ich bemerke, dass wir uns dem Markt genähert haben. Hier stehen Laden an Laden dicht nebeneinander, und jede Ware hat ihre eigene Gasse. Die Verkäufer warten geduldig und unaufdringlich auf ihre Kunden, die sich nun durch die Menschenmenge bewegen, und ich bin mitten drin. Wenn sich mal ein Auto hierher verirrt, ist sofort irgendein Mann zur Stelle, der den „Verkehr" zwanglos regelt. Ich genieße - für mich völlig unerwartet und untypisch - dieses geruhsame Gewusel, und ich fühle mich in keiner Weise verunsichert oder werde gar belästigt. So traue ich mich auch, auf dem Silbermarkt in einen Laden hineinzuschauen, in dem es die berühmten Dolche zu kaufen gibt.

Jemenitische Dolche

Die Silberarbeiten haben im Jemen eine langjährige Tradition, die sich in Fingerringen, Zierrosetten an Gürteln, Silberbehältern für Augenschminke, Amuletten, Hohlkugeln und Münzen widerspiegeln. Am berühmtesten sind die Silberarbeiten an den Dolchen, Jambiya.
Diese Dolche haben eine kurze und gebogene Klinge, die in der Mitte eine Rippe hat und auf beiden Seiten scharf geschliffen ist. Die Scheide ist stärker als die Klinge gebogen, und sie war früher entweder aus Leder oder Silber gearbeitet und zusätzlich mit Silber beschlagen. Diese Beschläge waren oft mit Edelsteinen oder Korallen veredelt.
Heute sind die Scheiden meistens aus Holz, und das Aprikosenholz ist das Beste. Die Verzierungen bestehen aus Goldfäden, Halbedelsteinen oder Leder. Aber es gibt immer noch Silberschmiede, die auf Bestellung eines Kunden exquisites Silberzubehör für Dolche herstellen, wenn auch selten.

Der bedeutendste Teil des Dolches aber ist der Griff, und deswegen wird er auch aus sehr edlen Materialien hergestellt. Das Edelste ist das Rhinozeros-Horn, andere Werkstoffe sind Elfenbein, andere Horn-Arten und Holz. Auch das Design und die Verzierungen sind bedeutend, denn sie erhöhen offenkundig den Wert des Griffes.
Der Dolch wird vorne in einen breiten Gürtel gehängt, so dass der Griff immer sichtbar ist und auf mich einen martialischen Eindruck hinterlässt. Doch auch wenn der Dolch eine Waffe ist, so darf er als solche nicht mehr benutzt werden. Er wird nur noch beim Tanz während einer Hochzeitsgesellschaft gezückt.
Der Jambiya ist das Statussymbol der Männer in der jemenitischen Gesellschaft! Demzufolge erklärt sich auch, warum er so sichtbar getragen wird und die Männer so großen Wert auf die Gestaltung des Griffes legen.

An einem kleinen Platz macht das „Schild Nr. 4“ unseres Reiseführers etwas Pause, denn hier gibt es einen Souvenirladen für uns Touristen. Ich schaue mich aber auf dem Platz um, der ein Gemüsemarkt ist. An einem Hausladen entdecke ich einen Holzgrill, an dem zwei Männer Fleischspieße anbieten, und vor mir steht eine stattliche Frau in ihrem Tschador, die mit dem Händler selbstbewusst den Preis für Okraschoten aushandelt.
Natürlich fotografiere ich sie unauffällig, und dabei hätte ich beinahe vor Vergnügen laut losgebrüllt. Aus meinen Augenwinkeln sehe ich, wie eine Frau aus ihrem Tschador eine Kamera zückt, und genau das Gleiche macht wie ich: Sie fotografiert auch einen Fremdling, nämlich mich. Neugierde ist offensichtlich eine weltumspannende Eigenschaft, und das erfüllt mich mit Freude.
Das „Schild Nr. 4“ setzt sich wieder in Bewegung und ich folge ihm. Wir erreichen die „Stoffgasse“ mit ihren herrlich glän-

zenden und bunten Stoffen, und später die „Gewürzgasse“. Die Gewürze sind in großen Säcken aufgehäuft, sie leuchten in den verschiedensten Farben und sie riechen köstlich.
Langsam nähern wir uns dem Bal al Jemen und hinter diesem Tor wartet der Bus.
Der Ansturm von Menschen wird immer dichter, und so setze ich mich in den Bus und beobachte die gemächliche Betriebsamkeit von oben. Von hier aus kann ich mir die Kleidung der Männer genauer anschauen und sehen, was für ein Dolchgriff in wessen Gürtel hängt.
Es wird geplaudert, vielleicht werden auch politische Probleme erörtert, und es werden in der Öffentlichkeit Kleider direkt am Mann angepasst.
Diese unbefangenen und gelassenen Verhaltensweisen, die ich hier bei den Menschen entdecke, empfinde ich als sehr erfrischend, und ich bedaure beinahe, dass der Bus sich langsam mit meinen Mitreisenden füllt und wir diese wunderbare Stätte verlassen.
Aber der Tag ist noch lange nicht zu Ende!
Der Bus fährt zügig durch Sanaa. Wie schon in den anderen arabischen Städten und Märkten fällt mir auch hier auf, dass die jungen Mädchen auch den Tschador tragen, und sich in kleinen Gruppen fortbewegen.
Unser neues Ziel liegt etwa 16km nordwestlich von Sanaa und wir werden erst zu einem Aussichtplatz gebracht, von wo aus wir es von oben erblicken können: Den Sommerpalast der letzten Imame.
Dieser Ausblick ist wahrlich eine Augenweide. Nicht nur der imposante Palast entzückt mich, sondern auch das Panorama des Wadis mit seinen Berghängen. Ich sehe eine perfekte Komposition der Natur in rotem Stein, grünen Bäumen und blauem Himmel. Wunderbar!
Auch die Fahrt durch das Wadi ist wunderbar. Wir fahren zwischen steilen Berghängen hindurch, an die sich kleine Häuser

schmiegen und in der Sonne erstrahlen. Das letzte Stück zum Palast müssen wir laufen und hier sehe ich, wie schön der Weg und seine Umgebung sind. Der Lehm hat eine warme ockerbraune Farbe, aufgrund dessen sich das Grün der Pflanzen besonders schön hervorhebt. Malerische Mauern grenzen die Gärten ab und auf unserem Weg sind bunte Stände aufgebaut, an denen uns frisches Obst zum Kauf angeboten wird. Der Palast selbst steht auf einem Felsen, der wie ein Turm in den Himmel ragt, und er ist etwa 1930 im Stil der Turmhäuser aus Sanaa erbaut worden.

Der Palast ist einem mächtigen Imam würdig, und er beeindruckend mich mit seiner erhabenen Ausstrahlung. Jedoch erfreut mich als leidenschaftlicher Naturliebhaber das ländliche Flair dieses Wadi, mit seinen Gärten, Lehmwegen, und den in Naturstein gebauten Häusern noch mehr, und mir geht das Herz auf ob dieser Stimmung. Ich kann sehr gut verstehen, warum es die Menschen aus der Stadt am Freitag - ihrem Sonntag - hierher zieht.

Der Bus fährt wieder auf die Hochebene von Sanaa, und ich habe nun einen weiten Blick in diese Ebene. Sie ist die Kornkammer des Landes, und die Felder sind bereits für die Ernte des Jahres bereitet. Nur auf einigen Flecken sehe ich grüne Bepflanzungen und gehe davon aus, dass dort Kath wächst.

Der Bus schlängelt sich gemächlich die kurvenreiche Straße zum Pass hinauf, der über 3.000m hoch liegt, und ich entdecke an einem Straßenrand ein Denkmal. Der Reiseleiter erzählt uns dazu: „Als die Chinesen das Land verließen, war diese Straße noch nicht fertig gebaut, und die Ägypter halfen uns Jemeniten in unserer Not. Diese Straße von Sanaa nach Hodeïda ist eine wichtige Lebensader des Landes und wir waren so dankbar für die Hilfe, dass wir zur Erinnerung dieses Denkmal den Ägyptern widmeten.“

Wir erreichen den Pass und ich schaue auf ein breites Tal hinunter sowie in eine zauberhaft schöne Berglandschaft. Überall

Ein „Turmhaus“ in seiner gewaltigen Pracht

auf den Berggipfeln schmiegen sich einzelne Häuser oder auch Dörfer an, und wieder ergötzt mich das unvergleichliche Wechselspiel von Licht und Schatten in den Bergen und auf Felsen, die manchmal Farben von rot, grün, gelb oder schwarz annehmen, je nachdem, was für ein Metall sie enthalten. Auch beobachte ich bis ins Tal hinunter markante Felsformationen und einige Pflanzen, wie z.B. den Elefantenbaum, auch Flaschenbaum genannt.
Geprägt wird dieses Tal aber von den riesigen Terrassenfeldern, die in die Berghänge eingearbeitet sind, und in denen sich die im wunderschönen Natursteinen gebauten Dörfer und Gehöfte harmonisch einfügen. Hier wachsen z.B. Hirse, Bohnen, Okraschoten, Kaffee und leider auch Kath, aber im Augenblick sind sie nur mit gepflügter Erde bedeckt.
Gottlob ist die Straße den Terrassen angepasst, so dass es selten steile Abhänge gibt, und ich meine Angst vor ungesicherten Straßen und tiefen Abhängen vergesse. Ich schwelge in meiner Begeisterung für diese grandiose Berglandschaft!
Irgendwo dort oben, mitten im Haraz-Gebirge, liegt die bemerkenswerte Stadt Menacha. Vielleicht ist sie einer dieser großen Orte, die ich am Berg sehe, somit will ich, ausnahmsweise, einiges über eine Stadt berichten, die ich nicht besuche.

Menacha

Menacha ist auf einem 1.500m hohen Bergsattel errichtet, der mitten im Haraz-Gebirge liegt, und es wird von 7.300 Menschen bewohnt. Schon die Türken erkannten die strategisch günstige Lage von Menacha, denn von hier aus ist der lebenswichtige Weg durch das Tal von Hodeïda nach Sanaa gut zu übersehen. Sie machten sich diese Lage zu nutze und bauten Menacha zu einer Garnisonsstadt aus. Außerdem wurde sie das Verwaltungszentrum der Türken. Sie bauten einen riesi-

gen Getreidespeicher, eine Zitadelle, eine Zisterne mit Wasserwegen und ein Lazarett auf, und so konnten sie von hier aus Handelswarenkontrollen und militärische Aktivitäten gut durchführen.
Noch heute profitieren die Einwohner von dieser Infrastruktur, und das Lazarett ist nicht nur eine Attraktion für die Touristen, sondern in ihm ist das Erziehungsministerium untergebracht. Auch die anderen osmanischen Gebäude sind Sehenswürdigkeiten für Besucher, und die großartige Lage mitten im Gebirge ist zusätzlich eine Reise wert, zumal Menacha über eine ausgebaute Straße zu erreichen ist. Auch der Tourismus ist eine wichtige Einnahmequelle für die Stadt.
Bis zum 2. Weltkrieg war hier eine kleine jüdische Gemeinde ansässig, jedoch verließ sie diesen Flecken danach und wanderte nach Israel aus. Mit dem Weggang der Juden erlitten die Einheimischen einen herben Verlust, denn mit den Juden wanderte auch das Handwerk ab, vor allen Dingen das der Silberschmiede. Nun gibt es kaum noch jemanden, der die begehrten Silberarbeiten herstellen kann.
Dennoch ist Menacha ein bedeutender Marktflecken. Der örtliche Markt findet jeden Tag statt. Wichtig ist aber der Wochenmarkt, der am Sonntag auf einer Fläche von der Größe eines Fußballfeldes ausgerichtetet wird. Dieser Markt ist sogar so bedeutend, dass die umliegenden Stammesclans ihn zu einer neutralen Zone erklärten, und damit die Sicherheit garantieren. Das heißt: Die gewohnheitsrechtlich anerkannten Hamal-Regeln müssen eingehalten werden, denn sie dienen dem Marktfrieden. So sind alle Marktbeschicker und Besucher vor verbalen Streitigkeiten und körperlichen Angriffen geschützt. Verstöße gegen die Hamal-Regeln werden sehr hart bestraft, und sie können im äußersten Fall zum Verlust des Lebens führen.
In dieser überschaubaren Stadt gibt es zehn Moscheen; für die Einwohnerzahl eine stattliche Menge. Aber sie sind eher klein und unscheinbar gebaut.

500 Meter höher als Menacha liegt der Ort Al-Hajjarah, der durch seine besonders schöne Architektur ein reizvoller Anblick für Besucher ist. Er gilt als einer der schönsten Orte im Jemen.

Das wunderbare Tal endet nun, und wir fahren durch eine schmale Schlucht, in der nur diese Straße und ein Fluss Platz haben, der viel Wasser mit sich führt. Hinter dieser Schlucht taucht ein sehr fruchtbares Tal auf, in dem Bananen und Zuckerrohr auf größeren Flächen wachsen. Eine Frau schöpft in ihrem bunten Gewand Wasser in blaue Kanister, eine andere hütet ihre drei Ziegen und zwischen Kakteen und Dattelpalmen stehen kleine Häuser, an denen einige Frauen zusammensitzen, die sich ausruhen oder plaudern. Am Straßenrand werden Äpfel verkauft.
Hier sieht es so aus, als könnten die Menschen sich einen bescheidenen Wohlstand erarbeiten. Ich erfahre aber, dass hier die Ärmsten der Armen wohnen. In der Zeit, wenn der Regen fällt, schwillt dieser Fluss zu einem reißenden Gewässer an. Das Wasser drängt sich vom oberen Tal durch diese schmale Schlucht hinunter und das mit aller Gewalt, die Wasser haben kann. Dieses fruchtbare Land wird somit immer wieder überschwemmt, und das Wasser reißt dann alles mit sich, was den Gewalten nicht standhalten kann. Unwillkürlich frage ich mich: Wie können die Menschen hier überleben, und wie halten sie dieses Leben aus? Diese Gedanken sind jedoch müßig. Die Menschen haben hier, in diesem Tal, ihr Dasein, und sie kennen kein anderes.
Langsam neigt sich der Tag dem Ende zu und wir erreichen nun die Tihama Ebene, die am Roten Meer liegt. Es ist nicht mehr weit bis zum Hafen von Hodeïda. Dort wartet das Schiff, das uns wohlbehalten wieder aufnehmen wird. Der Bus fährt jetzt schnell geradeaus durch größere Städte, die in einer Sandwüste liegen.

Ich aber erblicke in Ergänzung dieser ereignisreichen und unvergesslich schönen Tage im Jemen einen glühenden Sonnenball, der hinter den ockerfarbenen Sanddünen langsam verschwindet. Ich bin absolut selig!

16. Tag
Nun bin ich wieder an Bord des Kreuzfahrtschiffes und die Lebensweise hier könnte in Erinnerung an die letzten Tage nicht unterschiedlicher sein, das egozentrische und lärmige Leben hat mich wieder. Nach den zwei besinnlichen Tagen im Jemen empfinde ich es als besonders unerfreulich.
Wie dem auch sei, irgendwo finde ich ein ruhiges Plätzchen. Ich hänge meinen Gedanken nach, genieße wieder die Sonne, den Wind und die Melodie des Meeres, des Roten Meeres, in dem das Schiff jetzt nach Norden fährt.
Ich habe schon erwähnt, dass ich nie das Vergnügen hatte, die jemenitischen Speisen zu kosten. Auch in den anderen arabischen Ländern blieb mir die einheimische Küche verwehrt. Normalerweise essen wir ja überdies in dem Restaurant an Bord, aber auf den Tagesausflügen bekam ich Lunchpakete mit oder wir aßen in einem westlich geprägten Hotel. Eigentlich schade, aber in Arabien ist es Sitte, dass Männer und Frauen in der Öffentlichkeit getrennt essen, und somit ist ein Besuch in einem einheimischen Restaurant für unsere Touristengruppen schwierig zu bewerkstelligen - und vielleicht auch nicht schicklich. So war es mir auch nicht möglich, das Gewürz zu schmecken, das in der jemenitische Küche eine so große Rolle spielt: Der Bockshornklee.

Bockshornklee

Der Bockshornklee ist eine wichtige Pflanze für die Menschen im Jemen. Sie ist ein fast kahler 50cm hoher und sehr alter

Kulturstrauch, der in Gebieten zwischen Mitteleuropa und Asien wächst. Im Alten Ägypten wurde er schon als Heilpflanze benutzt. Auch Hildegard von Bingen (1098 - 1179) hat die Heilkraft und den Nährwert dieses Klees erkannt und Sebastian Kneipp (1821 - 1897) belebte ihn für seine Volksheilkunde wieder, in der er heute noch angewandt wird.

Die Blüten sind gelb-weiß, die Blätter haben einen gezackten Rand und ähneln denen des normalen Klees. Aus den Blüten bilden sich etwa 10cm lange, braune und hornförmige Hülsenfrüchte, in denen sich 10 - 20 Samen befinden. Die Blüten verströmen einen starken Duft, und aus ihnen wird ein Parfüm hergestellt, das sich in der arabischen Welt großer Beliebtheit erfreut.

Der Samen aber ist der kostbare Stoff dieser Pflanze, denn er ist sehr eiweißreich, somit sehr nahrhaft und auch sonst vielseitig in seiner Verwendung.

In der Heilkunde dient der Samen für Umschläge zur Linderung von Abszessen, Hautkrankheiten, Ödemen und offenen Beinen. Er wird für diesen Zweck zerstoßen und mit Wasser verrührt. Auch bei Rheumaerkrankungen, Herzkreislaufbeschwerden und Ischias zeigt er heilsame Wirkung. Es ist sogar erwiesen, dass er als Tee den Blutzucker senkt, den Husten lindert und er soll einen Wirkstoff haben, der bei Darmkrebs hilft. Zu guter Letzt nützt er der vermehrten Bildung von Milch bei stillenden Müttern.

Das Aroma des Samens ist bitter, und er ist deswegen sehr gesund. Er wird in Chutney, Curry, Fischgerichten und Fleischgerichten verarbeitet. Dabei wird er, im Gegensatz zu den meisten Gewürzen, von Anfang an mitgekocht, denn nur so entwickelt er sein ganzes Aroma. Aber die Samen können auch geröstet oder frisch verzehrt werden.

Der arabische Name von Bockshornklee ist Hulbah, und er ist das wichtigste Gewürz in der jemenitischen Küche.

Ich bin keine Köchin, die sich an experimentelles Kochen wagt, sonst würde ich sicherlich in meiner Heimatstadt nach dem gesunden Bockhornklee fragen.

Auch über eine andere Pflanze möchte ich berichten, ein Naturprodukt, dessen Benutzung in Europa mal Mode war. Ich meine Henna. Im Jemen wird Henna in vielfacher Weise benutzt und es wächst auch in diesem Land.

Henna

Der Hennastrauch wächst in Nord- und Ostafrika und in weiten Gebieten Asiens. Es ist ein duftender Strauch oder Baum, der mit seinen breit ausladenden Zweigen eine Höhe von 1,5 - 8 Metern erreicht, und die Rinde des Baumes hat eine graubraune Farbe. Die Blätter haben einen glatten Rand und sind am Ende zugespitzt, haben eine ledrige Konsistenz, und sie sehen silbrig grün aus. Die Blüten, die eine weiße, gelbe oder rosa Farbe haben, duften stark. Die daraus entstehenden erbsengroßen Kapselfrüchte sind blauschwarz, und in den Kapseln befinden sich weiche Samen. Aus den Blüten wird ein Parfüm hergestellt, und der Duft diese Parfüms ist in Arabien ebenfalls sehr beliebt.
Das wichtigste aber sind die Blätter dieses Baumes. Sie werden vom Zweig abgestreift und in einem dunklen Raum getrocknet, ehe dann das begehrte Pulver daraus hergestellt werden kann.
Henna hat vor allen Dingen eine rituelle Bedeutung, denn es soll vor dem „Bösen Blick" schützen. Es wird somit bei allen Situationen verwendet, in denen man glaubt, dass übelwollende Kräfte, wie etwa Neid, einwirken können. So wird z.B. das Fell von Ziegen mit Henna gefärbt, damit der Neid des

Nachbarn abgewendet wird. Das Fell erhält dabei eine orange Farbe.
Bekannt ist auch, dass Henna zu Tätowierungen der Haut an Füßen und Händen verwendet wird. Es gibt sogar den Beruf der „Hennatätowiererin“ und wenn eine Frau heiratet, wird diese Tätowiererin in Anspruch genommen. Es kann sein, dass bis zu vier Frauen die Haut einer Braut kunstvoll mit Henna bemalen, und diese Prozedur kann vier Stunden in Anspruch nehmen. Während dieser Zeit muss die Braut ganz ruhig sitzen, sie wird gefüttert, bekommt zu trinken und wird unterhalten.
Aber dieses Pulver wird nicht nur zum Schmücken der Haut verwendet, sondern es wirkt auch antimykotisch, entzündungshemmend und hilft gegen Erkältungen.
Mit diesem Färbestoff können zudem andere eiweißhaltige Stoffe eingefärbt werden, wie Seide und Wolle. Dabei wird Henna mit Wasser, Wein oder Kaffee angerührt und dadurch variieren die Töne der Färbung, wenn auch nicht dauerhaft.
Am bekanntesten jedoch ist bei uns die Tatsache, dass Henna den Haaren eine wunderbare mahagoni-rotbraune Farbe verleiht, wenn die Technik des Einfärbens beherrscht wird; sonst kann es sein, dass die Haare eine orangene Farbe annehmen.

Sicherlich gibt es noch viel Wissenswertes über den Jemen zu berichten, aber meine Reise geht weiter, und ich konzentriere mich nun auf das nächste Ziel. Noch einen Tag werden wir auf dem Roten Meer schippern, bevor wir den Golf von Aqaba erreichen.
Heute Abend aber freue ich mich erst einmal auf einen Plausch mit meinen liebenswürdigen Tischgenossen.

Petra

Die geheimnisvolle Stadt der Nabatäer

17.Tag
Das Schiff fährt immer noch durch das Rote Meer weiter nach Norden, und ich habe erneut einen Erholungstag vor mir.
Ich bin so faul, dass ich mich nicht einmal auf die Jagd nach einem Liegestuhl mache. Ich setze mich einfach auf eine Treppe, und da ich mein Notizbuch in der Kabine gelassen habe, döse ich vor mich hin. Auch hier weht mir der Wind um die Nase, und die Sonne erwärmt mein Gemüt.
Ich achte auch nicht darauf, ob Schiffe vor oder hinter uns über das Meer fahren, obwohl ich es mag, wie Schiffe hoheitsvoll durch das Wasser gleiten.
Aber woher das Rote Meer seinen Namen hat und wieso dieses Meer so wichtig ist, dass möchte ich schon wissen.

Rotes Meer

Das Rote Meer, in der arabischen Sprache Bahr el Ahmar genannt, beginnt im Süden am Golf von Aden.
Es gibt mehrere Annahmen, wodurch der Name „Rotes Meer" entstand. Die erste Annahme ist schon in der Zeit der Achaimeniden vom Iran aufgeschrieben worden. Sie bezeichneten die Himmelsrichtungen der Erde mit Farben; z.B. Rot für Süden und Schwarz für Norden. Da aus ihrer Sicht dieses Meer im Süden liegt, bekam es den Namen „Rotes Meer". Die zweite Annahme der Namensgebung ist darin begründet, dass in diesem Meer Blaualgen leben, die in ihrer Blütezeit dem Wasser einen roten Schimmer verleihen. Die dritte Annahme ist der Tatsache geschuldet, dass an den Küsten Felsen liegen, die Eisenoxid enthalten, und hier dem Wasser eine rötliche Farbe geben.

Das Rote Meer trennt den afrikanischen Kontinent von der Arabischen Halbinsel. Es hat eine Länge von 2.240km, die Tiefe beträgt bis zu 2.600m und es ist bis zu 360km breit. Im südlichen Jemen verengt sich das Meer an der Bab al Mandab Meerenge aber auf lediglich 29km. Im Osten liegen die Länder Jemen und Saudi-Arabien, und im Westen Eritrea, Sudan und Ägypten. Im Norden trennt die Sinai-Halbinsel das Meer in den Golf von Suez und dem Golf von Aqaba.
Die Namen der Anrainerländer offenbaren, in welchem schwierigen politischem Umfeld diese wichtigste Schiffsroute der Welt liegt; vor allen Dingen, wenn der Suezkanal aufgrund von kriegerischen Auseinandersetzungen in Ägypten gesperrt werden muss. Die Schiffe sind dann gezwungen, den ganzen afrikanischen Kontinent beim Kap der Guten Hoffnung in Südafrika zu umrunden, wenn sie Waren von London in den Iran oder weiter nach Osten transportieren wollen.
Obwohl viele Schiffe durch das Rote Meer fahren und hier auch über Plattformen der kostbare Rohstoff Öl gefördert wird, ist das Wasser sehr sauber. Seine Unterwasserwelt ist weltberühmt, und es zieht viele begeisterte Taucher hierher; selbst in Saudi-Arabien gibt es vereinzelte Stätten für ihren Sport.
Das Wasser des Roten Meeres hat einen hohen Salzgehalt, und es ist bis in die tiefen Regionen warm. Dieser Umstand erklärt den Artenreichtum an Lebewesen. Neben Korallen und Fischen, wie etwa der Weißspitzhochseehai, der Papageienfisch, der Blaupunktstachelrochen, der Kugel- und Igelfisch und sehr große Muränen, leben hier auch Schildkröten und Seekühe.
Aber diese herausragende Unterwasserwelt wird inzwischen von mehreren Faktoren bedroht. Nicht nur die Förderung des Öls bereitet immer mehr Sorgen, auch der Tauchtourismus bedroht diese Welt. Viel zu viele Schiffe bringen viel zu viele Taucher an die schönsten Stellen des Meeres, und das mögen

diese Wasserlebewesen gar nicht. Es soll zwar darauf geachtet werden, dass nicht allzu viele Schiffe und Taucher gleichzeitig unterwegs sind, aber da sind wegen der wirtschaftlichen Interessen der Anrainerländer Zweifel angebracht.
Am schwierigsten jedoch ist die Tatsache zu bewerten, wann sich das Wasser durch den Klimawandel so stark erwärmt, dass infolgedessen diese atemberaubend schöne Unterwasserwelt dem Untergang geweiht sein wird. Schon jetzt wird eine Zunahme der Wärme registriert. Die Korallen wären von der Erwärmung am meisten gefährdet, denn sie vertragen nur eine begrenzt hohe Wassertemperatur. Ihre Zerstörung würde aber das lebenswichtige Gleichgewicht nachhaltig verändern, und diese Begebenheit hätte unabsehbare Folgen.
Grundsätzlich kann somit nicht die Frage beantwortet werden, ob und wie hier der einzigartige Lebensraum von Flora und Fauna unter derartig veränderten Verhältnissen vor dem drohenden Untergang bewahrt werden kann.

Gegenwärtig langweilige ich mich, aber ich schwinge mich immerhin auf, am heutigen „Weißwurstessen" teilzunehmen. Ich nehme sogar die schräge Musik in Kauf, die wieder mal in die Luft geschleudert wird.
Dieses Gefühl der Gleichgültigkeit habe ich oft, wenn ich nach Tagen voller freudiger Anspannung und wissbegieriger Konzentration zur Ruhe komme. Ich denke aber: Wenn mir der natürliche Elan für eine Beschäftigung fehlt, ist Langeweile eine Art von geistiger Erholung.
Schon morgen wartet ein neues, spannendes Ereignis auf mich. Ich werde die antike Stadt Petra besuchen.

18.Tag
Über Nacht ist das Schiff durch den schmalen Golf von Aqaba gefahren und um 8:00 Uhr legt es am Kai der Stadt Aqaba an. Sie gehört zu Jordanien und ist ein kleiner Touristenort mit

schönen sowie sauberen Stränden, und es gilt als das Paradies für Taucher; hier sollen die schönsten Korallenriffe zu sehen sein. Nicht weit von hier entfernt liegt die Stadt Eilat in Israel, und der Grenzverkehr zwischen den beiden Ländern wird reibungslos geregelt.

Gleich beginnt die Busfahrt nach Petra und ich bin erleichtert, dass ich direkt von Bord gehen kann. Wir fahren an der Promenade vorbei nach Norden und an dieser Promenade reihen sich moderne Cafés und Souvenirläden aneinander.

Ich vermisse das heimatliche Flair, das ich in den letzten Tagen so genossen habe.

In der Nähe von Aqaba liegt das Wadi Rum, das seinen Ruhm dadurch erlangt hat, dass der legendäre „Lawrence von Arabien“ von dort aus Aqaba erobert hat. Außerdem sind in diesem Wadi viele Szenen des gleichnamigen Films gedreht worden.

Der Bus fährt aber an dem Tal vorbei nach Norden und es ist wieder eine Wüstenlandschaft, die wir durchqueren. Der Charakter dieser Wüste wirkt auf mich beschaulicher, nicht so wild und rau, wie im Jemen und im Oman. Die Bergketten sind nicht so hoch, und sie säumen eine Ebene, in der viel Geröll im allgegenwärtigen Sand herum liegt. Sehr reizvoll sind die Felsbrocken, die aussehen, als hätte Gott riesige Naturburgen hierher auf die Welt geworfen, und oftmals sind dicke Steinplatten wie Schiefer übereinander gestapelt. Ich sehe kaum Oasen und Bäume, nur kleine niedrige Grünpflanzen, die wie hineingesprenkelt herumliegen und diesem grauen Geröll Farbe geben. Ausgetrocknete Flussbette durchziehen recht viele Städte, und überall sind Strommasten zu sehen. In diesem Gebiet leben also viele Menschen, obwohl es nicht einfach ist, Wasser zu finden. Ich erfahre, dass der Grundwasserspiegel bis zu 800 Meter tief liegt.

Besonders erstaunlich finde ich, dass durch dieses unwirtschaftliche Gebiet eine Eisenbahn hindurch fährt. Die Türken habe sie während ihres Aufenthalts gebaut und sie bringt

heute noch die Waren von Aqaba nach Amman, der Hauptstadt von Jordanien.
Als habe sich die Eisenbahn mit uns verabredet, fährt sie just im selben Augenblick durch die Ebene wie wir, und sie bestätigt damit ihre Existenz.
Das Licht-, Schatten- und Farbenspiel belebt dieses Naturpanorama so wunderbar, dass ich wieder in Begeisterung schwelge.
Wir erreichen eine Hochebene, auf der wir eine kleine Pause machen, um uns die Beine zu vertreten und ich schaue mich um. Die Berge und Täler sind im Dunst eingehüllt, und dieser Anblick ist romantisch schön. An der Anhöhe haben sich Nomaden niedergelassen, die hier ihre typischen schwarzen Zelte aufgebaut haben. In der Nähe ist eine Stadt, und so haben sie hier ihr Auskommen. Sehr schön sind auch die Obstplantagen, die dem Stadtbild eine wohltuende Frische verleihen.
Vor mir erblicke ich eine unscheinbare Spalte in einem riesigen Felsplateau, und ich erfahre, dass dieser Spalt die berühmte Schlucht, Bab as Siq ist, die nach Petra führt. Dort laufe ich gleich hindurch!

Petra

Die antike Stadt Petra ist eng mit dem Volk der Nabatäer verbunden. Sie machten die Stadt zu der, die wir heute noch bewundern können.
Seit 9.000 v. Chr. war das Hochtal um Petra herum dauerhaft bewohnt. Im 6. Jahrhundert vor Christus eroberten die Perser kurzzeitig dieses Gebiet, ehe das semitische Volk der Nabatäer sich hier ansiedelte; sie stammten aus dem Inneren von Arabien.
Bis zu dieser Zeit war die Lebensgrundlage für die Menschen der Verdienst durch die Weidewirtschaft. Die Nabatäer nutzten aber die günstige Lage dieses Landes, um an dem

lukrativen Handel durch die Karawanenstraße teilzuhaben, denn Petra war ein wichtiger Knotenpunkt der berühmten Weihrauchstraße von Rom nach Indien. Schon 450 v. Chr. waren sie dank des Handels mit Gewürzen, Weihrauch und Silber reich geworden. Dieser Reichtum weckte aber auch die Begehrlichkeiten der Nachbarländer, und 312 v. Chr. wehrten sie sich erfolgreich gegen Antigonos I. Monophatalmos, der ein Nachfolger von Alexander dem Großen war.

Die Blütezeit von Petra begann, als sie die Hauptstadt des nabatäischen Königreichs wurde. Ihre Zeltstadt wurde durch Steinbauten ersetzt, die politische Macht gefestigt, und der erste Herrscher war 168 v. Chr. Aretas I. Nicht nur ihm, sondern auch seinen Nachfolgern gelang es, sich dauerhaft gegen die Ägypter zu behaupten. Zudem waren die Nabatäer offen für andere Kulturen, vor allen Dingen gegenüber der Kultur der Griechen, die die Nachbarländer prägte. Außerdem waren sie Meister darin, Infrastrukturen für Wassersysteme zu bauen und ihre Wasserressourcen zu managen. Sie schufen sogar eine künstliche Oase, die ihnen das Leben hier erst ermöglichte.

Ab 87 v. Chr. besetzen sie Damaskus und Jerusalem und der Machteinfluss wurde erst von den Römern gestoppt. Marcus Aemilius Scaurus besiegte Aretas III. und schloss 62 v. Chr. einen Vergleich mit ihm. Die Nabatäer waren nun Vasallen der Römer, aber sie behielten ihre innenpolitische Autonomie. Diese Unabhängigkeit konnten sie sich dank der günstigen Lage von Petra noch etwa 200 Jahre lang bewahren. Auch der Wohlstand stieg weiter und die Stadt wuchs auf 30.000 - 40.000 Einwohner an.

Der Niedergang des Königsreichs verlief schleichend. Die Römer förderten den Schiffsverkehr durch das Rote Meer und auch die Karawanenwege nach Osten führten sie um das Königreich herum. Die Nabatäer verlegten ihre Hauptstadt zwar nach Bostra im heutigen Syrien, aber sie konnten

mit diesem Schritt den Niedergang nicht aufhalten. 106 nach Christus wurden sie von Kaiser Trajan endgültig besiegt und ihr Land wurde eine Provinz des Römischen Reiches; mit dem Namen Arabia Petraea, doch die Hauptstadt blieb Bostra.
Petra bestand zwar als Handelsplatz weiter, aber die Konkurrenz von Gerasa im Norden von Jordanien und Palmyra in Syrien war zu groß.
Eine kurze Blütezeit erlebte Petra noch, als sie zur Hauptstadt der römischen Provinz Palaestina Salutaris wurde, und die Stadt war sogar Sitz eines Bistums, das noch heute als Titularbistum besteht.
Der Niedergang dieser bemerkenswerten Stadt wurde durch zwei Erdbeben endgültig besiegelt, denn immer mehr Menschen verließen sie daraufhin. Auch wurden durch diese Beben viele der monumentalen Gebäude zerstört. Zwar blieben der Haupttempel Qasr al Bint als Ruine und Reste der Grundmauern sowie der Hauptstraße erhalten, jedoch nur die Felsengräber, die in den roten Sandstein eingehauen waren, sowie das Theater erlitten gar keinen Schaden.
Später machten die Sassaniden und die Ayyubiden hier Station auf ihrem Weg auf die Arabische Halbinsel, und die Beduinen suchten von Zeit zu Zeit Unterschlupf in den Grabbauten von Petra.
1929 begannen hier die ersten archäologischen Arbeiten und 1958 wurde damit begonnen, das Stadtzentrum auszugraben. Die letzten Grabungsmaßnahmen fanden von 1993 - 2002 statt. Man geht jedoch davon aus, dass bisher nur 20% der antiken Stadt freigelegt sind.
Heute leben die Beduinen des B'doul Stammes im Umfeld von Petra. Aus der Stadt selbst wurden sie aber ausgesiedelt, um dem Tourismus Platz zu schaffen. Jetzt verdienen sie sich ihren Lebensunterhalt als Reiseführer, Souvenirverkäufer und Esels- und Kamelbegleiter für die Transporte der Touristen in die Stadt.

Die B'doul Beduinen sind hier heimisch

Petra ist heute die berühmteste Touristenattraktion im Nahen Osten und liegt in Jordanien. Aufgrund des Friedens zwischen Israel und Ägypten ist die Anreise nach Petra sicher geworden, jedoch kann jede Unruhe im Nahen Osten diese Sicherheit jederzeit beeinträchtigen.
Dennoch wurde diese Stadt durch eine weltweite Umfrage für die „Sieben neuen Weltwundern" auserkoren, allerdings erkannte die UNESCO diesen Status nicht an. Ferner wurde Petra dadurch weltberühmt, dass einige Szenen aus dem amerikanischen Film „Indiana Jones und der letzte Kreuzzug" hier am Siq und dem Al Kaznah (Schatzkammer) gedreht wurden. Thomas Edward Lawrence, der als „Lawrence von Arabien" in die Geschichte einging, schrieb in seinem Buch „Die sieben Säulen der Weisheit": „Petra ist der herrlichste Ort der Welt."

Vor unserem Ausflugsziel Petra ist ein riesiger Parkplatz angelegt, und ich kann die Busse nicht an meinen zehn Fingern abzählen, so viele stehen dort. Ich bin bestürzt. Wie soll ich mir die Sehenswürdigkeiten in Ruhe anschauen können, wenn ich laufend von meinen Artgenossen angestupst werde?

Diese Sorge ist jedoch unbegründet, denn die Stadt ist so groß, dass die Menschenmassen sich in ihr verlieren. Das einzige was mich anstupst, sind die Esel oder Kamele, die mich auf ihrem Rücken nach unten tragen wollen.

Ein Schotterweg ist sehr breit angelegt, und auf dem gehe ich etwa vier Kilometer hinunter, ehe ich die Schlucht erreiche. Ich erkenne jetzt schon, dass hier Menschen gelebt haben müssen. Überall in den Felswänden sind Wasserwege, Staumauern oder Häuserruinen sichtbar. Aus den wunderbaren lachsfarbenen, ockergelben, beigen oder dunkelrosa Sandsteinwänden - diese Farben sind wirklich alle im Gestein zu bestaunen - wachsen vereinzelt saftige grüne Bäume oder rot blühende Oleander.

Diese Komposition der Natur ist von einer Schönheit, die ihresgleichen sucht.

Noch bin ich nicht in der Schlucht, aber als ich dort hinein komme, stockt mir vor Bewunderung der Atem.

Die Schlucht ist schmal und die steilen Wände ragen hoch in den blauen Himmel hinein. Die Menschen wirken wie Winzlinge in dieser gewaltigen Felsspalte. Die Vielfalt der Farben im Gestein fällt hier besonders intensiv auf, und der Reiz wird erhöht durch die dunkle Maserung, die den Sandstein durchzieht. Auch die schieferartige Struktur der Felsen belebt diese Schlucht auf einzigartige Weise.

Am schönsten jedoch finde ich den Sandstein, wenn all seine Eigenschaften in der Sonne glänzen, da die Natur ihn oftmals glatt wie Marmor poliert hat.

Was ist das nur für ein überwältigender Anblick!

Langsam schlendere ich durch diese Schlucht, und ich nähere mich dem wohl berühmtestem Ausblick von Petra: Das Bild der Schatzkammer, das sich immer mehr meinem Auge eröffnet, je näher ich zum Ausgang der Schlucht komme.

Auch ich finde diese langsam hervorblickende Aussicht auf dieses Gebäude aufsehenerregend.

Und dann stehe ich vor der Schatzkammer! Sie ist in Wirklichkeit eines der Felsengräber, aber die Beduinen nannten die Stätte „Das Schatzhaus der Pharaonen". Über einem Säuleneingang mit sechs Säulen ist ein kleiner, runder Tempel eingebaut, der von Halbgiebeln umgeben ist. Auf dem Rundtempel befindet sich das Urnengrab des Nabatäerkönigs Aretas IV.
Dieses Felsengrab strahlt fürwahr einen majestätischen Geist aus.
Ich streife nun genüsslich durch diese antike Stadt. Ich sehe mir das Theater an, bestaune die Felsenhöhlen, die als Wohnstätten dienten, sehe die Säulenallee und die Königswand. In jedem Winkel dieser bisher ausgegrabenen Stadt entdecke ich fantastische Fassaden und andere in Stein gehauene architektonische Kunstwerke, und ich neige mich in Ehrerbietung nieder ob dieser unvergleichlich imposanten Baukunst der Nabatäer, die sie vor über 2.000 Jahren erschaffen haben.
Noch einmal laufe ich durch die außerordentlich beeindruckende Schlucht.
Die Zeit ist wie im Flug vergangen und der Bus bringt uns zügig zum Schiff nach Aqaba zurück. Aber ich bin bisher nicht an Bord, und die Natur hält noch einmal eine Überraschung für mich bereit.
Wie aus dem Nichts fegt ein Sandsturm über die Wüste hinweg und taucht sie in eine körnige und bedrohliche Düsternis. Im Augenblick sehe ich den Sand nur als eine graue Mauer vor meine Augen. Erst als wir aus der Düsternis heraus fahren, kann ich die heftigen Sandverwehungen erkennen, die mit rasantem Tempo über den Boden wehen, und an den Häusern und Pflanzen ihre Spuren hinterlassen.
Dieser Tag ist wahrlich nicht langweilig gewesen!

Petra, die Stadt zwischen Orient und Okzident

Katharinenkloster

Eine Pilgerstätte mitten in der Wüste Sinai

19. Tag
Für die letzten beiden Tage in der arabischen Welt habe ich noch ein besonderes Ziel vor Augen: Das Katharinenkloster auf der Halbinsel Sinai. Für diesen Ausflug muss das Schiff durch den Golf von Aqaba zurück fahren, und in Sham el Sheikh am Kai anlegen. Dort wartet wieder ein Bus auf uns.
Sham el Sheikh gehört zu Ägypten und ist ein Touristenort mit vielen modernen Hotels und schicken Yachten im Hafen, und er liegt an der Südspitze vom Sinai.
Die Fahrt zum Kloster dauert etwa zwei Stunden und der Bus fährt zügig nach Norden, denn wir müssen spätestens um 10:30 Uhr dort sein.
Dennoch genieße ich diese Fahrt. Ich fahre durch eine wunderschöne Wüste und ich muss wohl nicht mehr sagen, wie glücklich ich mich fühle.
Pünktlich erreichen wir das Katharinenkloster. Der Ansturm von Gästen ist so groß, dass nur eine bestimmte Anzahl pro Stunde hinein dürfen. Heute ist Freitag und unsere Besuchszeit ist von 11:00 bis 12:00 Uhr.

Katharinenkloster

Das Katharinenkloster liegt auf einer Höhe von 1.585 Metern im Südwesten der Sinai Halbinsel, die hier von kahlen und schroffen Bergen geprägt ist. Es ist am Ende eines Tales unterhalb dieser Berge eingebettet, und zwar dem Berg Sinai (2.285m) der auch Moses Berg genannt wird, und dem höchsten Berg der Halbinsel, dem Katharinenberg (2.637m).
Das Kloster wurde von 548 - 565 vom römischen Kaiser Justinian gegründet und in dieser Zeit lebten hier 400 Mönche.

Die Anzahl der Mönche ging erst zurück, als die Spenden der Pilger ausblieben. Im 19. Jahrhundert spendeten die russischen Zaren und die russisch-orthodoxe Kirche so viel Geld, dass das Kloster erhalten werden konnte. Auch wurde es aufgrund seiner abgeschiedenen Lage niemals zerstört.
Seinen Namen verdankt das Kloster der heiligen Katharina, die im 4. Jahrhundert n. Chr. in Alexandria als Märtyrerin starb und erst seit dem Mittelalter Patronin diese Klosters ist; vorher war es der Mutter Jesu, Maria, geweiht.
Die Einrichtungen des Klosters befinden sich in einem quadratischen Areal, das von einer dicken Mauer umgeben ist. In diesem Areal sind wie in einem Labyrinth die Häuser, wie Gästezimmer, Hospiz oder Verwaltungsgebäude angeordnet, und auch eine bedeutende Bibliothek ist dort untergebracht. Sie enthält 2.000 Ikonen, sowie die Sammlung von 600.0 der ältesten erhaltenen christlichen Schriften in den verschiedensten Sprache, wie griechisch, syrisch, arabisch oder äthiopisch. Das einzigartige dieses Klosters aber ist, dass neben der „Kirche der Verklärung“ eine Moschee mit einem separaten Minarett steht. Auch die Muslime haben somit zum Erhalt dieser Stätte beigetragen, da sie hier auf ihren Wegen auf die Arabische Halbinsel Unterkunft fanden und daraufhin diese Moschee bauten.
Außerhalb der Klostermauer sind einige Felder in Terrassen angelegt, auf denen Früchte und Gemüse angebaut werden.
Im Augenblick leben hier noch vier griechisch-orthodoxe Mönche, die aus Kreta oder Zypern stammen, und ein Verwalter, dem die administrativen Angelegenheiten unterstehen. Der Abt hat den Rang eines Erzbischofs und er lebt nicht hier. Er residiert in einer Außenstelle des Klosters in Kairo. Das Mönchsleben ist sehr streng, und den Mönchen ist es auch nicht erlaubt, Fleisch zu essen und Wein zu trinken; aber den Dattelschnaps, Arak, dürfen sie trinken.
Heute ist der Tourismus eine lukrative Einnahmequelle, denn es kommen jährlich an die 50.000 Menschen aus allen Teilen

der Erde und aller Religionen hierher, um diesen einzigartigen Ort zu bewundern. Bei den Besuchen kann nicht nur die „Kirche der Verklärung“ mit ihrer vergoldeten Bilderwand (Ikonostase) und die Moschee besichtigt werden, sondern auch der Moses Brunnen und der „brennende Dornbusch“, dessen Symbol heute ein Ginsterbusch ist, und der im Osten der „Kirche der Verklärung“ an einer kleinen Kapelle steht. Er spielte im Leben von Moses eine bedeutende Rolle:
„Dort erschien ihm der Engel des Herrn in einer Flamme, die aus dem Dornbusch emporschlug. Er schaute hin. Da brannte der Dornbusch und verbrannte doch nicht. Mose sagte: ‚Ich will dorthin gehen und mir die außergewöhnliche Erscheinung ansehen. Warum verbrennt der Dornbusch nicht?‘ Als aber der Herr sah, dass Mose näher kam, um sich das anzusehen, rief Gott ihm aus dem Dornbusch zu: ‚Mose, Mose!‘ Er antwortet: ‚Hier bin ich.‘ Der Herr sagt: ‚Komm nicht näher heran! Leg deine Schuhe ab, denn der Ort, auf dem du stehst, ist heiliges Land!‘ “
(2. Buch Moses, 3.2 - 3.5)
Die anderen Räume sind nicht mehr zugänglich, denn aufgrund des Ansturms von Menschen kann sonst der Klosterbetrieb nicht mehr aufrechterhalten werde.
Seit 2002 gehört das Katharinenkloster zum UNESCO Weltkulturerbe.
Die Menschen pilgern aber nicht nur wegen des Klosters hierher, sondern auch deswegen, weil der Berg Sinai (Moses Berg) in seiner Umgebung liegt.
Auf dem Berg steht eine kleine Kapelle, sowie eine Moschee, die von den Muslimen sehr verehrt wird. An der nordöstlichen Ecke eines Felsens, an dem die Kapelle steht, ist eine kleine Einbuchtung zu besichtigen, in der sich Moses fastend aufhielt, als Gott ihm erschien und zu ihm sprach. Infolge dieser Begegnung entstanden in 40 Tagen auf zwei Steinplatten die 10 Gebote, die in der islamischen sowie christlichen Religion verankert sind. Somit ist dieser Moses Berg in seiner

religiösen und ehrfurchtsvollen Wertschätzung für Christen und Muslime gleichermaßen bedeutsam.
Der Aufstieg auf diesen Berg ist sehr beschwerlich und man kann ihn auf zwei Arten bewältigen. Zum einen führen etwa 2.500 Stufen hinauf, zum anderen führt die unvollendete Straße des „Abbas Pascha" zum Gipfel. Heute reiten die Touristen auch auf Kamelrücken nach oben, aber dann muss dennoch das letzte Drittel zu Fuß erwandert werden. Der Aufstieg dauert etwa zwei Stunden.
Es lohnt sich, in der Nacht dort hinauf zu steigen, damit man bei Sonnenaufgang die grandiose Aussicht vom Berg aus genießen kann. Nicht nur das Katharinenkloster ist zu sehen, sondern der Blick erstreckt sich bis zum Roten Meer, zum Golf von Aqaba und in die Weiten der Sinai Wüste mit ihren Tälern und Bergen.
Es ist also ratsam, in einem Hotel in der Nähe des Moses Berges zu wohnen, um erholt an der nächtlichen Wanderung teilzunehmen.

Die Lage des Klosters ist grandios. Es ist mit einer lehmfarbenen Mauer umgeben und fügt sich harmonisch in die gewaltige Bergwelt ein.
Dieses Mal ist es wirklich schwierig, sich in Ruhe diese Sehenswürdigkeit anzuschauen, und somit begrenze ich mein Interesse auf die äußeren Fassaden der Kapelle und der Moschee. Ich betrachte die Ikone am Moses Brunnen und natürlich gehe ich zu dem Ginster, der das Symbol für den „Brennenden Dornbusch" ist.
Außerhalb der Mauern schaue ich mir die Obst- und Gemüsegärten an; Zypressen schützen sie vor der heißen Sonne.
Der friedliche Gleichklang dieses Ortes mit der Natur strahlt eine besinnliche Ruhe auf mich aus, und ich verweile lange in dieser Stimmung.

Das Hotel, in dem wir übernachten, ist modern, mit Schwimmbad sowie Zimmern mit Balkon, und es liegt mitten in dieser einzigartigen Wüste. Auch erblicke ich einen kleinen Basar unter einem Nomadenzelt, der dem Hotel angeschlossen ist.
Diesmal will ich etwas über das Essen erzählen, denn es ist besonders lecker. An einem Büffet werden Rosmarinkartoffeln in Brühe gekocht, Auberginen-, Gurken- und Tomatengemüse, etliche Suppen und Fleisch angeboten. Herausragend ist jedoch der Nachtisch: Weißbrot eingelegt in Milch, Vanille, Zimt, Rosinen, Zucker und Pinienkerne. Ich esse so gut wie nie Nachtisch, aber hier lange ich kräftig zu. Diese schlichte Speise ist eine wahre Köstlichkeit.
Am Nachmittag fahren wir zu einer kleinen Stadt, St. Katherine, die nicht weit entfernt liegt. Es war die Lieblingsstadt des ägyptischen Präsidenten Saddat, der durch den Frieden zwischen Ägypten und Israel erreicht hat, dass diese Stadt wieder zu seinem Land gehört. Deswegen gebe ich ihr auch meine Wertschätzung, obwohl es hier keinen Sehenswürdigkeiten gibt, außer natürlich der wunderbaren Lage.
Zum Ende des Tages besuchen wir noch ein Hotel der besonderen Art. Die Rezeption ist ein separat stehender Rundbau, die kleinen Zimmer sind in schlichten Bungalows untergebracht, haben Fliegengitter als Fenster, und sie sind in einem großzügigen Gelände verteilt Es gibt auch einen kleinen Laden, in dem sich die Gäste mit dem Nötigsten versorgen können. Der Reiseleiter erzählt uns: „Die Gäste, die hier wohnen, kommen aus Schwarzafrika, meistens aus Nigeria. Sie sind oft vier Wochen hier, und sie leben und verköstigen sich hier auch selbst so, wie in ihrer Heimat.“
Das Hotel mag unseren Ansprüchen nicht entsprechen, dennoch ist es wunderschön und originell. Die Rezeption und die Bungalows sind in den Naturstein gebaut, der aus dem Berg gehauen ist und ich empfinde wieder dieses heimatliche und behagliche Gefühl. Auch ist diese Anlage mit Grünflächen aufgelockert.

Eine prachtvolle christliche Ikone in Arabien

Geradezu atemberaubend schön ist der Blick auf das Katharinenkloster, das ich von hier aus durch eine Zypressenallee in seiner ganzen Pracht erblicken kann.
Ich genieße es sehr, wieder einmal in einer Wüste zu übernachten, die besinnliche Ruhe zu erfahren und in den Sternehimmel zu schauen. Ich schlafe großartig zumal mich die lästige Klimaanlage nicht stören kann - es gibt keine.

20. Tag
Am nächsten Morgen warten wir geduldig auf diejenigen, die sich auf eine Pilgerwanderung zum Moses Berg aufgemacht haben. Es soll sehr anstrengend aber auch seelenvoll gewesen sein. Auf dem Berg wurde eine Predigt gehalten und Nonnen sangen ein Kirchenlied.
Der Bus fährt weiter durch die Wüste den Sinai nach Norden.

Sinai Halbinsel

Die Sinaihalbinsel gehört geografisch zu Asien und ist das Bindeglied zwischen Asien und Afrika. Sie besteht aus einer riesigen Wüste, die zweieinhalbmal so groß ist, wie die Schweiz. Im Süden ragt sie mit ihrer Landspitze in das Rote Meer hinein, und im Westen wird sie durch den Golf von Suez und dem Suezkanal von Afrika abgegrenzt. Im Osten grenzt sie an Israel und den Golf von Aqaba.
In der Antike gehörte Sinai als Teil der Provinz Arabia Petraea zum römischen Reich. In den Jahren 640 - 642 n. Chr. wurden die römischen Truppen von den Arabern besiegt, und seitdem ist die Halbinsel islamisch geprägt. Mehrere Jahrhunderte gehörte die Sinai zum Osmanischen Reich, ehe die Ägypter sie Anfang des 20. Jahrhunderts zurück eroberten. Die Israelis drangen 1956 n. Chr. über die Sinai bis zum Suezkanal vor, und erst mit dem Friedensvertrag von 1979 zwischen Israel

und Ägypten wurde die Rückgabe nach Ägypten möglich; seit 1982 gehört die Sinai Halbinsel wieder zu diesem Land.
Heute ist sie ein wichtiger Wirtschaftsfaktor. Nicht nur, weil die Durchfahrt durch den Suezkanal gesichert ist, sondern auch, weil die Wüste urbar gemacht wird. Überall da, wo Wasser ist, werden Plantagen angelegt und die Produktpallette ist inzwischen vielfältig, so werden beispielsweise Mangos, Papayas, Orangen, Kirschen und Datteln in großem Stil angebaut.
Ein anderer Wirtschaftszweig ist der Abbau von Rohstoffen wie Erdöl, Magnesium, Quarz und Kohle. Auch sind Vorkommen von Mangan, Uran und Gold bekannt, aber der Abbau dieser Rohstoffe konnte bisher nicht umgesetzt werden, da er kompliziert und teuer ist.
Zu guter Letzt spielt der Tourismus eine Rolle für die Wirtschaft. Vor allen Dingen im Süden ist er sehr erfolgreich, mit dem Sport im Taucherparadies Sham el Sheikh und den Besuchen des Katharinenklosters. Am Golf von Suez werden große Bemühungen auf sich genommen, um dort Hotels aufzubauen, aber es fehlt an Geld.
Auf Sinai ist eine Vielzahl von Tieren zu finden. Natürlich ist das Kamel auch hier das Tier der Wüste, aber es halten sich in ihr vereinzelt auch Schakale, Hyänen, Aasgeier oder Wüstenfüchse auf. Skorpione leben zurückgezogen unter Steinen, und die Eidechsen und Geckos sind häufig anzutreffen.
Die Pflanzenwelt ist ebenfalls vielfältig vorhanden. Angeblich soll es 1.000 verschiedene Pflanzenarten hier geben. Am Roten Meer liegen die nördlichsten Mangrovenwälder der Welt und es wachsen Zypressen, Tamarisken, Dattelpalmen, Akazien und Wacholder in dieser Wüste.

Der Sinai ist das Land, in dem die meisten Beduinen noch ein Nomadenleben führen. Ich sehe hin und wieder in der Ferne diese typischen schwarzen Zelte, und einmal entdecke ich sogar zwei Frauen, die wie mir scheint wie verloren durch die endlose Wüste irren. Die Beduinen kennen jedoch ihre Wege ganz genau und sie wissen auch, wo Wasser zu finden ist. Dort bleiben sie dann eine Weile, bis sie weiterziehen. Auch heißt es, dass Beduinen nie krank werden und sie das richtige Naturheilmittel kennen, falls es doch der Fall sein sollte. Es wird ihnen sogar nachgesagt, dass sie wissen, wo Gold zu finden ist, und man nutzt diese Kenntnis.

Je weiter wir nach Norden kommen, umso stärker verwandelt sich die wilde Bergwüste in eine Sandwüste. Hier leben mehr Menschen in Städten und ich sehe auch schon die ersten Plantagen, die immer größere Ausmaße annehmen. An ihnen ist ein Wasserkanal aus Beton gebaut, und jede Parzelle hat eine eigene Wasserpumpe, mit der nach strengen Regeln Wasser aus dem Kanal genommen werden darf.

Ich bin beeindruckt, wie zielstrebig die Ägypter die Sandwüste urbar machen, und im Norden nehmen diese modernen Plantagen schon unübersehbare Flächen ein.

Heute Abend nimmt uns das Schiff in Port Said wieder an Bord, und damit wir dorthin kommen, müssen wir den Suezkanal überqueren.

Suezkanal

Der Suezkanal, in arabischer Sprache Qanat As Suways genannt, ist die berühmteste Wasserstraße der Welt. Er trennt die Wüsten von Ägypten und der Sinai Halbinsel. Er beginnt im Süden bei der Stadt Suez und endet in Port Said am Mittelmeer. Er ist 162,5m lang, 107 - 365m breit und 21m tief. In den Kanal sind zwei Seen eingebaut, der Bittersee und der Timsahsee, und in diesen Seen warten die Schiffe, bis sich ein Konvoi von etwa dreißig Fahrzeugen gebildet hat und zur Durchfahrt durch den Kanal aufgerufen wird, denn der Kanal ist nur einspurig zu befahren.

Die längste Wartezeit betrug beachtliche 2.891 Tage, denn um den Bittersee herum tobte von 1967 bis 1975 ein Krieg, so dass 14 Handelsschiffe unerwartet weder vor noch zurück fahren konnten. Für die Besatzungen wurde diese logistische und emotionale Herausforderung erfolgreich gewältigt. Die Crews wurde zwar alle 6 Monate ausgetauscht, aber die psychischen Belastungen gingen doch bis an die Grenzen ihrer Fähigkeiten. Dennoch entstanden zwischen den Männern, die aus aller Herren Länder kamen, lebenslange Freundschaften, und sie veranstalteten 1968 sogar ihre eigene „Olympiade" in 14 Disziplinen; mit Medaillen und Siegerehrungen.
Auch band man die Schiffe aneinander, damit dieser erzwungene Aufenthalt im Bittersee nicht teurer wurde, als notwendig. Nach der langen Zeit des Wartens gelang es den Seeleuten sogar, zwei Schiffe so fahrtüchtig zu machen, dass sie aus eigener Kraft den Suezkanal passieren konnten. Eine erstaunliche Geschichte, wie ich finde.
Die Durchfahrt dauert nur 15 Stunden, denn es gibt keine Schleusen, da kein Gefälle in diesem Gewässer vorhanden ist.
Schon im 13. Jahrhundert v. Chr. bauten die Pharaonen des alten Ägypten einen Kanal vom Nildelta zum Golf von Suez, aber der versandete einige Jahrhunderte später trotz einiger Erneuerungen. Auch Napoleon hatte ein Kanalprojekt in seinem Kopf, aber er konnte es nicht verwirklichen. Von 1859 bis 1869 erbaute die „Französische Suez-Kanal Gesellschaft" unter der Leitung von Ferdinand de Lesseps noch einmal einen Kanal, der diesmal nicht vom Nildelta ausging, sondern weiter östlich lag.
Am 17.11.1869 fand die feierliche Eröffnung des Suezkanals statt, an der angeblich die Oper „Aida" von Giuseppe Verdi ihre Uraufführung haben sollte. Stattdessen wurde jedoch „Rigoletto" aufgeführt und es gibt viele Gerüchte darüber, warum es so war, so u.a. dass die die Partitur zur Oper „Aida"

zu dem Zeitpunkt noch nicht fertig geschrieben war, oder aber auch, dass wegen kriegerischer Auseinandersetzungen in Europa die Partitur buchstäblich ins Wasser fiel.
Wie dem auch sei, die Uraufführung von „Aida“ erfolgte zwei Jahre später am 24. Dezember 1871 in Kairo, und aufgrund ihrer Handlung sind die Ägypter noch heute glühende Verehrer dieser Oper.
In den Anfängen profitierten die Franzosen am meisten an der wirtschaftlich bedeutsamen Einnahmequelle für die Durchfahrt dieses Kanals, denn sie hatten einen dementsprechenden Vertrag mit Ägypten abgeschlossen. Die Engländer kauften dem Vizekönig von Ägypten jedoch seine Aktienanteile ab, und zudem besetzten sie mit ihren Truppen 1882 Ägypten und den Suezkanal. Im Jahr 1888 wurde die „Internationale Suez-Konvention“ beschlossen, die für alle Länder die Durchfahrt dieses wichtigen Kanals gewährleistete.
Im Juni 1956 verließen die englischen Truppen Ägypten, und schon am 26. Juli 1956 verkündeten die Ägypter ihre alleinige Besitznahme über den Suezkanal. Dieser Tatbestand veranlassten die Engländer, Franzosen und Israelis, Ägypten mit ihren Truppen anzugreifen. Nur die USA und die ehemalige Sowjetunion konnten über die UN einen Feuereinstellung zwischen den Feinden erwirken, und am 22. Dezember des Jahres wurden alle feindlichen Truppen wieder abgezogen.
Der Suezkanal blieb dennoch bis April 1957 gesperrt, denn er mussten erst von allen havarierten und gesunkenen Schiffen befreit werden, ehe eine Durchfahrt wieder möglich war. 1967 wurde der Kanal abermals geschlossen, denn wieder kämpften die Israelis gegen die Ägypter; es war der berühmte Sechs-Tage-Krieg, den Israel gewann. Es besetze die Ostküste des Suezkanals und wieder griff die UN ein, um die Durchfahrt zu sichern. Erst 1973 wurde der Osten von den israelischen Truppen geräumt, und seit 1975 kann hier ständig durchgefahren werden. Nur ab und zu sind bauliche Anpassungen notwen-

dig, da die Schiffe immer größer werden, und sie damit auch eine breitere Trasse und einen größeren Tiefgang brauchen.
Heute profitiert nur das Land Ägypten von den Einnahmen durch den Suezkanal, und dieser Faktor trägt im Wesentlichen zu einer wirtschaftlichen Stabilität des Landes bei.

Wie unser Reiseleiter immer wieder betont, ist die Brücke, auf der wir nun den Suezkanal überfahren, von den Japanern gebaut worden.
Auf der westlichen Seite des Kanals sehe ich noch das andere, ländlich Ägypten. Hier arbeiten die Frauen wie in alten Zeiten auf ihren kleinen Feldern, bringen die Ernten ein und hüten das Vieh. Die Wäsche der Familien hängt auf einer Leine an den armseligen Häusern und flattert im Wind. Kleine Parzellen, auf denen Reis in überfluteten Feldern wächst, säumen die Straße, auf der wir fahren.
Gleich dahinter liegt der Suezkanal.
Sehnsüchtig warte ich darauf, dass in diesem bäuerlichem Landstrich ein Schiff erscheint, und ich habe Glück. Ein grünweißes Frachtschiff fährt gemächlich durch die Wasserstraße und es scheint, als schiebe es sich mitten durch die Reisfelder. Der Anblick ist erhaben und zugleich höchst eigenwillig. Er ist der letzte aus einem Lebensbereich, der mir bisher fremd war.

Diese mitreißende Seereise hat mir das Verständnis für die arabische Lebensweise näher gebracht und mein Herz für die Menschen erwärmt.

Nachwort

Das Schiff fährt noch 3 Tage über das Mittelmeer von Port Said durch die Straße von Messina und weiter nach Nizza. Ich habe mich inzwischen an das eintönige Bordleben gewöhnt, und die Weißwürste sowie die Nürnberger Bratwürste mit Sauerkraut genieße ich sogar.
Das Schiff kann jedoch nicht, wie vorgesehen, in Nizza anlegen, und so müssen wir von Savona aus mit dem Bus dorthin gebracht werden, denn erst von Nizza aus fliege ich nach Hause.
Die Fahrt führt oberhalb der Italienischen Riviera entlang, und genau auf diesem Weg überfällt mich wie aus heiterem Himmel eine unerklärliche und höchst sentimentale Vorahnung und Wehmut: War diese Reise meine Letzte?

Vor fast 50 Jahren wurde genau unter mir, in Bordighera, meine leidenschaftliche Reiselust entfacht; es war meine erste Reise, die ich selbst finanzierte und alleine durchführte.
Im Laufe der Zeit lernte ich die Kulturen der Azteken und Mayas kennen, setze meine Füße auf die Stätten von Machu Picchu und watete in Guatemala durch dicke Asche, die speiende Vulkane ausschütteten. Ich sah in Südindien die buntbemalten Tempel der Hindu, ritt auf einem Kamel zu den Pyramiden von Gizeh und segelte mit einem Boot auf dem Nil, erlebte Sandstürme in der Sahara, suchte Rubine in der Namib Wüste, und leistete den Murmeltieren auf dem Tafelberg in Südafrika Gesellschaft. Ich ging nachts auf den Nemrud-Dag in Ostanatolien, um antike Statuen im Licht des Sonnenaufgangs zu bewundern, erlebte die wilden Tiere in den Savannen unterhalb des Kilimandscharo, und ich durfte die Würde, die die Menschen in Togo ausstrahlen, erfahren. Ich erwanderte weite Gebiete in den Alpen und in Süddeutschland, eroberte nach der Wende Dresden und Mecklenburg-Vorpommern.

Die Kreuzfahrtschiffe brachten mich zu den Eisbergen in der Antarktis, auf den Sankt-Lorenz-Strom in Kanada, und auch die Fjorde in Norwegen wurden mir so erschlossen.
Mit dieser Reise nach Sanaa erfüllte ich mir meinen letzten Wunsch auf einer langen Liste, und in diesem Augenblick empfinde ich eine tiefe Dankbarkeit dafür, dass es mir vergönnt war, meine Reiselust derartig leidenschaftlich ausleben zu dürfen. Ich bin nun nicht mehr wehmütig, sondern mich erfüllt eine innere Glückseligkeit.
Zufrieden lehne ich mich in den Sitz zurück, und ich freue mich auf die Rückkehr in meine bezaubernde Heimatstadt an der Nordsee.

Über den Autor

Eva-Maria Schultz-Gerstein hat auf ihren Reisen die Welt aus den unterschiedlichsten Blickwinkeln beobachtet. Um diese Blickwinkel bildhaft, fachkundig und verständlich in Worte zu fassen, studierte sie an der „Schule des Schreibens“ in Hamburg Sach- und Fachliteratur.
In ihren Veröffentlichungen „Erlebnis Antarktis“ steht die überwältigende Natur in einer lebensfeindlichen und doch faszinierenden Umgebung im Mittelpunkt, in „In Deutschen Landen“ setzt sie Fuß für Fuß in die Wälder und Auen Süddeutschlands und erfährt, dass diese gelebte Banalität das Gemüt so erwärmt, dass auch „kleine Katastrophen“ diesem Gefühl niemals schaden können.

Dieses Buch ist ihre dritte Veröffentlichung, erneut ein Reisebuch, in dem sie den Blick in eine fremde Kultur und Landschaft wagt und neugierig und weltoffen in Worte fasst, wie sie die beeindruckendsten Stätten der arabischen Welt entdeckt.

Karte

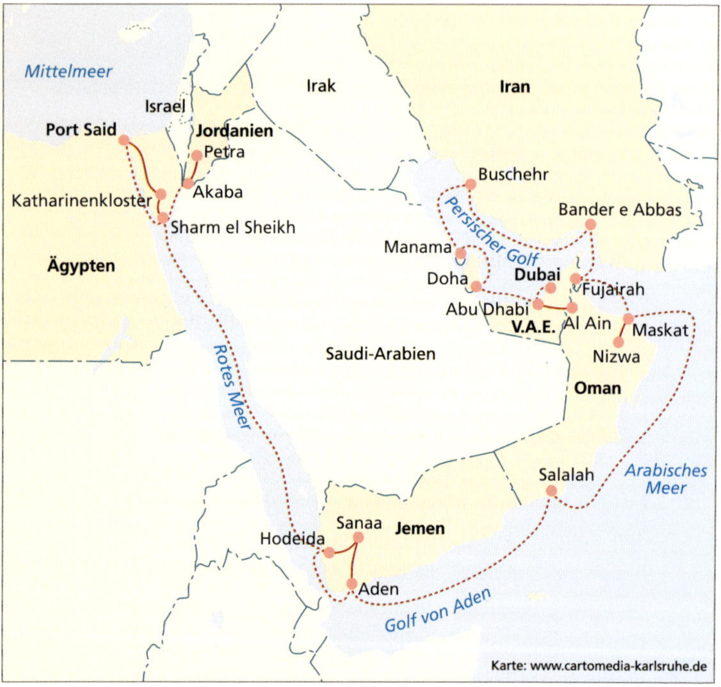

6.5.2013